第四次工业革命改变日本

〔日〕竹中平藏 著

魏海波 赵静玮 译

广西师范大学出版社

·桂林·

著作权合同登记号桂图登字:20-2022-084 号

图书在版编目(CIP)数据

第四次工业革命改变日本/(日)竹中平藏著;魏海波,
赵静玮译.—桂林:广西师范大学出版社,2022.8
(世界知库)
ISBN 978-7-5598-5171-0

Ⅰ.①第… Ⅱ.①竹… ②魏… ③赵… Ⅲ.①产业
革命-研究-日本 Ⅳ.①F431.3

中国版本图书馆 CIP 数据核字(2022)第 119694 号

第四次工业革命改变日本
DISICI GONGYEGEMING GAIBIAN RIBEN

出 品 人:刘广汉
责任编辑:刘 玮
助理编辑:陶阿晴
装帧设计:李婷婷 王鸣豪
营销编辑:黄 屏

广西师范大学出版社出版发行

(广西桂林市五里店路9号 邮政编码:541004)
(网址:http://www.bbtpress.com)

出版人:黄轩庄
全国新华书店经销
销售热线:021-65200318 021-31260822-898
山东韵杰文化科技有限公司印刷
(山东省淄博市桓台县桓台大道西首 邮政编码:256401)
开本:690mm×960mm 1/16
印张:8.25 字数:102 千字
2022 年 8 月第 1 版 2022 年 8 月第 1 次印刷
定价:54.00 元

如发现印装质量问题,影响阅读,请与出版社发行部门联系调换。

前言

对于当今的世界经济，人们发出了两种声音。

一种是悲观的，另一种是乐观的。

之所以悲观，是因为世界经济已经趋于成熟，投资的机会越来越少，导致未来经济陷入长期低迷（发展停滞）的状态。除了日本银行和欧洲中央银行，一些北欧和东欧国家的银行也在实行负利率政策，从常理来看，这种政策简直荒唐。不过在现在这种投资机会大幅缩水的年代，这也不失为一种应对策略。

之所以乐观，是因为现代社会的科技产品，例如 AI（人工智能）、机器人、IoT（物联网）以及各种依赖于大数据的新科技，会带给人类前所未有的投资机会。新的行业由此诞生，新的生活方式由此而来，可以说有一场革命在等着人类。所以对于我们来说，这就是"第四次工业革命"。

但是，稍微注意一下就可以发现，悲观论和乐观论其实是有共通之处的，它们都暗示了一点：如果要改变目前的社会经济结构，就必须走改革的路。为了不让经济长期陷入停滞状态，就必须努力增加投资机会。具体做法是：缓和各种政策限制，创造更加自由的民间投资环境，通过开放民间经营特许权（基础设施运营权移交民间机构）等方式促进必要的基础设施投资。

首先必须要改变社会经济结构。而且，为了借着第四次工业革命的东风提高经济活力，一定要提前搭建一个适应二十一世纪的社会经济结构。人类劳动者不断被 AI 和机器人代替，不得不适应新的工作方式。为了实现汽车的自动驾驶，就必须营造一个可以更加自由地进行测试的环境。为了在使用大数据时不侵犯个人信息，就必须构建新的结构或规则。这些也是社会经济结构的改革。

到目前为止，我个人也提出了许多建议，比如处理泡沫经济破灭后的不良债权，邮政民营化，建立国家战略特区以实现政策放宽，以及打造新型基础设施投资结构（例如开发特许权）等，但是我从来没有像现在这样强烈地感到无论如何都要改革社会经济结构。有一股力量推动着我，让我把关注的焦点放在第四次工业革命上，去写这本书，去出版这本书。

第四次工业革命，是一次席卷全球的大地震。活用大数据的共享经济（Sharing Economy，例如汽车共乘等），已经让一部分地壳开始剧烈震动。但是这只是一个开头，谁都看不到未来和整体的情况。所以，为了迎接即将到来的革命，人类从现在开始就要有"时代认知"，放开讨论，大胆行动。

从数字科技的角度来看日本经济，虽然日本在机器人开发与运用等部分领域取得了不俗的成绩，但是和世界主要国家相比，日本整体结构依然非常落后。在美国，有亚马逊和谷歌这样的超大型 IT 企业引领新的革命。德国在2011 年首次提出了"工业 4.0"的概念，在这个概念的指导下施行各项政策。中国也在汽车共乘等领域领先日本一大截。

在本书的后半部分，针对日本的现实国情，我向国家与社会提出了几个建议，例如设立监管沙盒（Regulatory Sandbox）、设置管控大数据的司令塔组织等。我也衷心希望，您在阅读了本书之后，能建立一个对第四次工业革命的"时代认知"。

竹中平藏

2017 年 1 月

目录

第 1 章

第四次工业革命为何是一场『革命』？

为何现在才开始新型工业革命？

如果我问你："互联网在哪一年进入日本？"你会怎么回答呢？

1990 年 4 月 1 日的上午，在我的前同事——庆应义塾大学的村井纯教授的研究室里，日本的互联网和美国的互联网第一次连接了起来。我认为，从这一瞬间开始，日本进入了互联网时代。所以，人们也称村井纯教授是"日本互联网之父"。

对普通用户而言，互联网来到身边的标志，是 1995 年微软公司发售"Windows 95"。当年，"互联网"这个词还入选了流行语大奖。我还记得当时流行一个笑话：父亲对女儿说"听说最近互联网挺火的，你买一个回来吧"。虽然"互联网"入选了流行语大奖，但是当时依然有很多人对它的认识还停留在这个层面上。

互联网这个词，在英语里是 Internet，首字母一定是大写的"I"，首字母大写，意味着这是个专有名词。为什么呢？因为世上有且仅有这一个。它可以把全世界连成一个整体。互联网的本质也是如此。

1995 年 1 月 17 日发生了阪神淡路大地震。当时，互联网还没有普及家庭，人们需要彼此联系却发现电话打不通，日子非常难熬。2011 年 3 月 11 日东日本大地震时，互联网已经在家庭中普及化了。使用手机可以发短信，使用智能手机可以发推特（Twitter），电话打不通时也可以通过其他各种途径和外界取得联系，这也是互联网的功劳。

IT 革命带给生活翻天覆地的变化。人们从打电话、发传真转变成发电子邮件，从看电视和读报纸转变成上网获取最新资讯。社交媒体（SNS）还能掀起社会舆论，影响重要的政治选举。但是，这些活动明显只是革命前的序曲罢了。

互联网的背后是数字技术。在 20 年前频繁使用"IT 革命"这个词的时候，我回想起刚刚介绍的村井纯教授曾经说过，"这其实是数字革命。数字技术不仅改变了 IT，今后还会改变一个个领域"。现在，以数字技术为核心，AI、机器人等技术组合起来将引发社会结构的动摇，带来革命性的变化。

"工业革命"这个词并不是一个新词。它有多重含义：①蒸汽机推动生产机械化的第一次工业革命；②电力使大规模生产成为可能的第二次工业革命；③计算机推动生产自动化的第三次工业革命。现在，正在发生着足以被称为"第四次工业革命"的剧变。"第四次工业革命"以往便有专家讨论过，但是自从 2011 年德国为了强化制造业的竞争力，提出了"工业4.0"的概念以来，即使在政策辩论的场合，也能常常听到以"第四次工业革命"为主题的辩论内容。

我们往往认为第四次工业革命中有 5 大要素相互作用，衍生出新的行业，改变了社会结构。这 5 大要素是：①AI，②机器人，③物联网（IoT），④大数据，⑤共享经济。纵观日本，一部分行业和企业确实有闪光之处，但是从整体上看，未免落后于世界上的主要国家。日本全国应当如何迎接第四次工业革命呢？这可是个重振日本经济的紧要关头啊。

智能手机不是电话

在早期的互联网时代，也就是在 20 多年以前，我还记得我曾和村井教授等人谈论过互联网能做到的事情，那些在当时看来简直是天方夜谭，但是在今天却成了现实。举个例子，我以前把它当一个笑话设想过：当我早晨起床去上厕所的时候，有一种机器能够自动计算出尿液中的蛋白含量和是否含有尿糖等，我便能通过数据清晰地掌握自己的健康状况。这在现在已经成了可能。

许多在大城市打拼的人会担心远在老家的父母的身体情况，现在，通过电热水壶就可以解决这个问题。可以从热水的减少情况来判断父母是否健康，现在已经有这种技术了。

解决以上问题的技术都是互联网与实物连接的"物联网"（IoT）。物联网的发展更加成熟，越来越多的人会使用智能手机，这就向着新型经济迈出了非常大的一步。

堀江贵文先生说得恰到好处："智能手机最大的贡献就是，人们会把它当作电话买回家，但实际上等于买了台电脑。"虽然叫作智能手机，但它本质上是便携的移动电脑。有一台智能手机，就意味着可以通过互联网，在任何时候、任何地方和任何人取得联系。智能手机就是一个数字平台的入口，任何人都能拿着它漫游各处。网络服务由此进入了全新的时代，典型的例子是共享经济的代表企业 Uber（优步）和 Airbnb（爱彼迎）。

为何 Uber（优步）发展迅速？

Uber 公司的全称是 Uber Technologies, Inc.，2009 年 3 月由特拉维斯·卡兰尼克（Travis Kalanick）和加勒特·坎普（Garrett Camp）在美国加州的旧金山创立。Uber 的业务，用一句话概括就是车辆调度服务。想要搭车的人在 App（手机应用软件）上发起叫车请求，几分钟后就会有车来接驾，这样就实现了共乘。

这种做法类似在日本打电话叫一部出租车上门来接的形式。实际上，Uber 也提供呼叫出租车和租车服务。但是，如果只是这样的话，谁都不会对这家公司感到惊讶，这家公司的业绩也不会有那么迅速的增长。说白了，不就是把打电话叫出租车变成了在 App 上叫车而已嘛。

但 Uber 的厉害之处在于，不仅可以叫一般的出租车，还可以叫那些非出租车的一般车辆。自己开车的同时，还可以带上一个想搭车的人。"上那些陌生人的车岂不是很危险吗？"不仅仅是日本人有这种想法，很多人都会担心，驾驶员能一路不出事故地将自己安全送到目的地吗？还担心会被收取不合理的费用，等等。为了打消用户的不安，Uber 推出了用户为驾驶员打分的评价机制。乘客可以通过阅读其他用户的评价，建立对驾驶员的信赖。

Uber 的叫车模式比起传统出租车来说节省了不少的等待时间。虽然等待时间会受到地点和叫车时间的影响，但是据我一个住在纽约的朋友说，在市区叫一辆 Uber，6 分钟内肯定能上车。费用也比出租车便宜，支付全部通过信用卡。由于 Uber 系统会自动保存行驶路线和金额等数据，因此用户不必担心司机会恶意绕远路或要价不合理。而且，驾驶员也可以利用自己的空闲时间用自己的车接单赚钱。所以，注册在籍的驾驶员的数量剧增。

正是因为提供了让用车人和驾车人都满意的服务，Uber 才会在短时间内迅速成长。

不过,目前 Uber 没有上市①,我还不清楚它的业绩详情,但是营业额已经远远高于 100 亿美元了,如果放在日本,那就是进入了一兆日元企业的行列。

去掉向驾驶员支付的费用后,Uber 的纯营业额也超过了 10 亿美元(约 1 100 亿日元),即便如此,也没有利润,2016 年上半期的赤字超过 12 亿美元,但是公司价值已经超过七兆日元。这个金额比本田汽车还要高,大约相当于日本最大的汽车公司丰田汽车的三分之一。在创业第一年就能取得如此成绩,十分了得。

---

① 译注:原书出版于 2017 年 3 月。Uber 于 2019 年 5 月 10 日在美股上市。

Airbnb（爱彼迎）让普通人也可出租自己的家

Airbnb 公司成立于 2008 年 8 月，由三名创始人布莱恩·切斯基（Brian Chesky）、乔·杰比亚（Joe Gebbia）和内森·布莱卡斯亚克（Nathan Blecharczyk）在美国加州的旧金山建立。网站最初的域名为Airbedandbreakfast. com，后改为更为简约的 Airbnb，这也成了公司的名称。所以，它不是"Air-b-n-b"，而是"Air-b-and-b"。

在美国，提供住宿和早餐的旅馆叫作 B&B。Airbnb 在网站和 App 上提供搜索 B&B 的服务，除了能搜索酒店、宾馆、民宿，还能搜到巨大的城堡、普通住宅和公寓，你甚至可以短期租住其中的一间房间。可以这么理解：Airbnb 面向有租房需求的人群，介绍一般人家闲置的公寓、房间，并提供预约服务。

借出人（房东）难免会担心借房人（房客）把自己的家或房间搞得很脏，或者偷走家里的物品；房客担心的是房间是否安全和清洁。为了减少双方的顾虑，房东和房客都必须在网站上登记个人信息并进行公开。房东要按照网站要求的模板上传并公开房间的详细信息，房客还可通过平台向房东提出疑问或要求。在房客退房后，房东和房客会互相评分。为了提升房东和房客的信赖指数，平台做出了许多努力。

对于房东来说，可以有效利用空房间来赚钱；对于房客来说，可以用较低的价格入住安全放心的房间。这种匹配服务使双方都非常满意，因此Airbnb 的业务在全球急速扩张。目前，Airbnb 的服务已经遍布世界 191 个国家，在 34 000 余个城市提供服务，住宿设施数量超过 200 万，用户共计6 000 万人以上。（以上数据源自官网）

通过共享经济改变社会

Uber 让空车得到利用，Airbnb 让空房住进房客。像这样活用个人闲置资产的服务被称为共享经济。它们各自实现了共享乘车和共享住房。

共享经济在数字互联网获取"大数据"（Big Data，在这里指借出方与借入方的信息）的基础上得以实现，今后会大大改变我们的生活，职业的形态也将发生决定性的转变。类似"我想开车去横滨，你要不要一起？只需付一半的油钱就可以了"的这种情况之前也发生过，但是对话仅限于认识的人之间。通过互联网，你就可以和那些陌生人分摊油费了。共享经济中的共享乘车，就是这么一回事。

一直以来，出租车是必要的移动出行社会基础设施，由国土交通省统一监控管理。只有得到国土交通省批准的企业才有资格运营出租车，收费标准也要统一按照规定，这样才能有安全放心的服务。反之，搭乘陌生人的车会有危险，很有可能被收取不合理的高额费用，甚至有可能被带到荒无人烟的地方。通过大数据能够提前消除这些危险，共享经济才成为可能。在智能手机上可以轻松看到驾驶员的驾驶经历和事故经历，还可以看到曾经的乘客对其做出的评价。所以，即使搭乘陌生人的车，也能够安心。

共享乘车会引发怎样的变化呢？

首先，不必像以前那样，不买车就寸步难行。所以，在未来，汽车销量很可能会大幅降低。例如，日本全国的家用汽车大约是 6 000 万辆，但是它们实际上的利用率是多少呢？大部分的汽车，在工作日的白天都停在停车场里。如果提高了共享乘车的便利性，那么在很短的时间内汽车的数量就会减少到十分之一甚至更少。如果买车的人减少，那么停车场用地就会减少，东京都中心的大型停车场就可以作为都市空间提供其他用途：百货店或超市的停车场可以改造成卖场，住宅用地或公寓的停车场可以改造成住宅用地，增加住宅面积。

像这样包含连锁反应的社会变化叫作"社会5.0"（Society 5.0）。"社会5.0"的概念在内阁府的综合科学技术创新会议上被提出，2016 年 1 月内阁府在推出"第 5 期科学技术基本计划（2016—2020）"时对其做出了以下说明：

最大限度地利用信息和通信技术 ICT（Information and Communication Technology），通过现实空间与网络空间的紧密整合，在未来打造出让每一个人都能享受优质生活的"超智能社会"。将以此为宗旨所推行的现有举措进一步深化，这便是"社会5.0"。日本要大力推进"社会5.0"，领先世界建成"超智能社会"。

虽然这种说法听起来像日本在努力宣传自己，但是无论如何，伴随着这些社会变革，使用新技术的新行业总会出现。正因如此，第四次工业革命才称得上是一次"革命"。

传统的制造业和金融业将不复存在

以互联网为中心的电子数码技术的发展与进步，让以前那些无法实现的事情也成为可能。我说的并不是在制造业的基础上加上 IT 技术，或者在金融行业更加活用 IT 技术这一层面的问题。已经无法用制造业或金融业等现有的概念来概括未来将会衍生的全新行业了，这也是第四次工业革命的本质。在日本，能理解这层意思的人，目前还很少。

Uber 不是出租车行业，Airbnb 不是酒店行业也不是旅馆行业。说白了，他们都是社交网络行业。我认为，在制造业中加入 IT 技术未必就能得出物联网 IoT，在金融业运用 IT 技术也未必能有现在的金融科技 Fintech。我们有必要重新审视制造业和金融业这些现有的概念。现有行业会消失，全新行业会诞生，换句话说，社会基础设施也会更新换代。

2016 年 1 月，在瑞士召开的"达沃斯会议（世界经济论坛）"上有一个很有意思的议题："现在的世界是战争状态还是和平状态？"时任美国国防部部长的阿什顿·卡特（Ashton Carter）说"既不是战争也不是和平"。为什么"战争"在以前很容易定义，而现在却很难判断了呢？以前，只要"军队"这种国家机器一行动，就相当于发起"战争"。但是现在，已经有了不需要动用军队的战争。比如网络攻击这一恐怖主义行径。这明显就是战争，但是却没有军队参与其中。以前那一套判断战争或和平的方法，在现在是行不通的。所以才说当今世界处在一个搞不清"究竟是战争状态还是和平状态"的时代。重要的是，即便发生战争，也不再出动军队，而是用其他事物来一决胜负。

这种情况也同样适用于其他领域。

以前，人们担心半夜里会有贼或者强盗闯进住宿设施。为了消除人们的这种不安，行政机关加强了监管，并根据设施划分了酒店业和旅馆业①，以便人们选择。所以，酒店行业、旅馆行业都是必要的公共基础设施。现在看一看住过的人给出的那么多评价就能知道，虽然住的是空房间，但是非常安全，而且床单之类的小细节都非常干净，住得很放心，所以 Airbnb 的商业模式才取得了成功。但是也有不尽如人意的地方，如果住客在半夜遇到了问题需要寻求帮助，Airbnb 民宿就做不到像酒店和旅馆那样，前台 24 小时为客人提供服务，让客人住得放心。如果说酒店和旅馆没必要设前台，那么肯定会激起酒店、旅馆行业内部特意投资设置前台的人的愤怒。他们不认同 Airbnb 的做法，实际上也是在保护自己的既得利益。

出租车也一样。以前，如果没有出租车这个公共基础设施，人们出门可谓寸步难行。但是现在人们已经没有那么需要出租车了。通过大数据，在 Uber 注册的司机的履历与评价一目了然，Uber 的用户看过之后就会安心。如果 Uber 的模式普及了，那么传统出租车行业肯定会跳出来抵制 Uber，因为 Uber 抢走了他们的用户。

然而，Uber 的商业模式已经在世界各国渗透开来。在日本的话也只是时间问题。只要消费者的需求提高，那么这一天肯定会来。我并不是无法理解传统行业工作者的心情。但是我认为，人们应该转变想法，在新的社会形势下采取新措施，好好思考一下能够发挥自己的专业特长的商业模式。

---

① 译注："酒店业"的建筑为洋式建筑，"旅馆业"的建筑为和式建筑，且二者在客室数量、面积、入浴设施等方面采取不同基准。2018 年日本修订了《旅馆业法》，将二者整合为"酒店·旅馆业"。

"社交网络行业"登场

在当今世界，酒店行业和出租车行业已经不再是必要的公共基础设施了，类似 Airbnb 这样的新型公共基础设施已经诞生。如果我们问 Uber 或 Airbnb 的员工"你们是什么行业"，他们会回答"我们是社交网络行业"。

社交网络行业是一种在日本还没有最终成型的全新行业。通过汽车进行网络社交的是 Uber，通过房间进行网络社交的是 Airbnb。当然，通过自行车也可以，通过任何一种东西进行网络社交都是可以的。

日本人首先要改掉那种一上来先判断"这是什么行业"的习惯。日本的政府部门现在硬是要把第四次工业革命中诞生的各种新兴行业划入看起来有点沾边的现有行业。Uber 明明是社交网络行业，和出租车行业没有一点关系，但是看起来很像是出租车行业，所以政府部门就将其划分在出租车行业里，在此基础上评判它的是非好坏。

Airbnb 也遭到了同样的待遇。明明和酒店行业没有关系，却因为看起来相似就被归在了酒店行业里。我认为这种归类方法是完全错误的。以前就有一种说法，谁才是丰田汽车公司的竞争对手？答案是谷歌。生产电器的松下公司，它的竞争对手也是谷歌。住宅设备厂商 LIXIL 公司的竞争对手也是谷歌。无论什么行业、什么公司，超大型 IT 公司就是它们的竞争对手，把它们看成 IT 行业也未尝不可。但是如果这样做，那么所有企业都会被划入 IT 行业。Amazon（亚马逊）公司既不是网络书店也不是线上零售店，它通过独特的商业模式获取并活用大数据，是个彻头彻尾的社交网络公司。

不需要钱包，也不需要财务部

正因为我们希望能放心地存钱和花钱，所以才有了银行这个公共基础设施。但是，如果电子货币也有储蓄和支付功能，那么银行的功能和价值就会大幅下落。如果人们不再使用硬币或纸币，那么就不再需要管理大量的现金，也不需要流通现金了。

那些在亚马逊等网购平台上购买商品的人，能够通过查看交易情况来确认支付是否出现问题。信用调查也能通过大数据实现。

最近，导入了 IT 技术的金融科技 Fintech 受到大量关注。Fintech 这个词源自"金融"（Finance）和"科技"（Technology），指的是通过使用 IT 技术来提升金融服务效率的新技术，还可以用来表示新的金融服务或者是创造、运营这种服务的企业。这个词并不是日本人自己造的英文单词，而是全世界通用的词语。在美国，至少 5 年前就有人开始用这个词了。我举一个最为日常化的金融科技的例子：从"おサイフケータイ"（手机钱包）开始的手机支付。如果用手机可以在任何时间、任何地点完成支付，那么就没必要带现金或者一堆信用卡、电子货币预付卡"西瓜卡"（Suica）出门了。其实，"移动西瓜卡"（Mobile Suica）的服务已经开始了。可以说，"只要有手机就不需要钱包"的愿景几乎已经成了现实。

金融科技不仅可以用在移动支付上，还可以做公司里财务部做的事情。商品交易、发放工资、资金管理、资金调拨、制作财务报表、管理会计等，金融科技都可以做。如果哪天金融科技取代公司里的财务部，我一点都不会感到惊讶。

来自虚拟货币的冲击

金融科技有许多种可能性，它的影响我们无法估量，但是其中比特币（Bitcoin）之类的虚拟货币，一旦普及，必将改变社会。

虚拟货币是为了互相抵消债券或债务，而将货币抽象化的形式。但是，这种虚拟货币在未来是否会成为主流货币，目前未知。东京比特币交易所 "Mt. Gox" 网站，在 2014 年 2 月暂停所有交易，因为它出了好几次事情。目前，从信任度来说，不得不说它比不上任何一种国家发行的货币。即便如此，它依然具有话题性，因为全世界的金融机构正着手将比特币所使用的区块链（blockchain）这一金融技术加以活用，从而打造全新的、协同的金融服务。至于区块链具体是怎样的技术，我不是专业人士，不敢妄言，有兴趣的话希望大家可以参考这方面的专家写的解说或书籍来辅助理解。

如果能够借助金融科技把世界各国的金融机构联网，那么向海外汇款的手续费就不会那么贵了。签订证券合同或不动产合同时也无须双方到场，无须在文件上签名，全部都可以在网上操作。

本来，货币是各国的中央银行发行的东西，但是如果现在做出来的虚拟货币能够达到现有货币这么高的信任度，那么银行就可以独自发行货币，科技公司也可以发行货币。这样一来，中央银行也许就没有存在的必要了。当然，这些都是未来的情况，未来怎么样，谁都不知道。但是，不可否认的是社会将会有很大的改变。

银行不适用于金融科技的理由

目前还没有一样东西能够让我觉得它"就是金融科技的整体样貌",但是那些能够更加积极有效地利用大数据的,应该就是保存、运营、管理与金钱相关的大数据的企业。它们所处的行业在过去与金融业毫无关系,现在,传统银行里的人总是兴奋地说着"金融科技、金融科技",但是,人们都知道,金融科技终将灭掉传统银行。所以,我才认为日本传统银行业不会引领金融科技的发展,因为这就相当于自我否定。

在美国,走在金融科技尖端的是亚马逊和谷歌等对大数据进行保存、运营、管理的科技公司。当然,传统银行一直以来也会保存、管理交易数据,但能否顺利运用这些数据才是关键。那些对担保和未来借款计划进行审查的人,估计很难会运用金融科技。而且他们也不属于科技公司。

在美国,企业的价值高于银行,像刚才说的,有很多家像亚马逊和谷歌这样使用大数据的 IT 公司,这些企业可以推动金融科技的发展。但是,在日本,银行的价值远远高于企业,根本没有一家可以推进金融科技的大型 IT 公司,这就是问题所在。当下,要想推进日本的金融科技,需要付出相当大的努力。

我想,估计有不少人或者企业会认为可以"引入 IT 技术的一部分成果,实现现有银行制度的效率化"。但是,这种想法是错的。引入革新技术来提高效率,这可不叫革命,顶多是"作为日常业务稳步推进就可以了"。第四次工业革命中的金融科技,并不是在现有体系的基础上便能够有所成就的事物,这一点请大家务必理解。

说到大数据,亚马逊和谷歌在收集、存储、管理大数据方面领先于世界,并且在改善基础设施方面投入了大量资金,以此确立了自己的地位,成为世界上数一数二的公司。大数据维护,是吸收第四次工业革命成果时的关键点,在本书的后面我会讲到,我们必须想好战术,做好准备。

未来将会有47％的工作消失

当然，第四次工业革命也是一把双刃剑。这种"革命"进行下去，可能会引发社会上一小段时间的不安定。刚刚我也说过，日本并没有真正推动国内的第四次工业革命，所以并未受到不良影响，说来讽刺，日本社会将会保持暂时的安定。

那么，为何"第四次工业革命会造成社会动荡"呢？是因为，某些现有的工种将不复存在，某些行业的失业率很可能出现大幅增长。牛津大学副教授迈克尔·奥斯本（Michael Osborne）在论文《就业的未来——计算机自动化会取代工作吗?》中预测：目前约47％的就业岗位将在未来10—20年内消失，比如棒球裁判。现在，当遇到很难通过肉眼判断的情况时，裁判会看录像回放进行判断，但是如果今后全部工作都交给电子裁判的话，就不需要人类裁判了。只要在 AI 中输入棒球比赛的规则，电子裁判就能代替人类裁判进行工作。棒球赛场上，裁判的作用除了做出基本判罚，还包括处理场上的骚乱问题，但是这个只需要安排几个身强力壮的安保人员就可以了。

因为棒球裁判是一个较为形象的事例，所以我经常拿它来举例子。但是除了棒球裁判，其实有许多职业都面临着消失的风险。

就业本身就是个大难题，而现在有个词叫超民粹主义（Hyper Populism），它成了全球关键词之一。由于新生技术导致人类就业机会减少，以及全球化加速导致中间层工作机会消失，肯定会有一大批人感到绝望，于是就会有迎合他们的政治家出现。这就叫作民粹主义（或平民主义）。在此基础上继续发酵，就成了超民粹主义。例如，美国国内有很多来自墨西哥的移民。为了防止移民进入，时任美国总统的唐纳德·特朗普（Donald Trump）主张竖起一道高墙。他认为，就业机会减少，工作报酬降低，是因为从国外流入了太多便宜的商品。自由贸易会伤害美国，所以他公开反对跨太平洋伙伴关系协定（TPP）。

在英国，一部分政治家以"加入欧盟（EU）导致了大量难民流入英国"为由，煽动国民投票支持"脱欧"，并获得了多数的赞成票。这也是民粹主义的表现之一。第四次工业革命带来的阴影已经出现了。但这也是在新时代的背景下才出现的现实情况。

然而，在日本，社会还是比较稳定的。原因之一就是日本人有"体谅他人""互相帮助"的价值观，社会资本（Social Capital）扎根文化深处。但是，就像 Uber 在日本不被接受一样，第四次工业革命在日本开展得较晚也是这种文化的一个侧面。社会稳定未必就是一件值得高兴的事。现在我们正站在第四次工业革命的入口，世界上已经迸发出了各种各样的问题。不仅是产业，今后教育的走向如何，法律体系的走向如何，工作方式的走向又会如何？说到底，这些都涉及"人类的生存方式会有怎样的走向"这一非常大的问题。

日本正站在入口处。但是，世界已经快步向前了，已经开始了轰轰烈烈的社会变革。面对这一现实，我将论述一下第四次工业革命中日本的课题。

已经大幅落后的日本

由于日本国内出租车行业的抵制，Uber 这样的共享乘车服务行业无法真正展开。但是，从美国却传来了 Uber 营业额下降的消息，原因在于 2012 年成立的 Lyft 公司等竞争对手陆续登场。

Lyft 目前只在美国国内展开业务。在全美 200 余个城市中平均每月有 1 000 万次的乘车交易，注册司机超过 31 万人。Lyft 已经从日本的乐天（Rakuten）、中国的阿里巴巴等公司获得了 20 亿美元（约 2 200 亿日元）的融资。汽车行业巨头通用汽车公司（General Motors）也投资了 5 亿美元（约 550 亿日元），Lyft 公司正在不断成长。

在中国，有一家提供共享乘车服务的公司叫作滴滴出行。滴滴在中国国内约 400 个城市提供服务，注册司机人数约为 1 400 万人。这家公司已经收购了 Uber 在中国的业务。这样一来，滴滴的第一大股东就是 Uber①。Uber 已经与滴滴联手了。除了搜索引擎巨头百度、之前提到的投资了 Lyft 的阿里巴巴、提供各种网络服务的腾讯（腾讯控股）这三家中国 IT 巨头，甚至连苹果公司（Apple Inc.）都投资了它。

刚刚我说过，Uber 的企业价值约为 7 兆日元，短短几年就发展到了丰田汽车公司 1/4 的规模。滴滴的企业价值约为 3.5 兆日元。日本的超大型银行的企业价值是 4 兆—5 兆日元，可想而知这些共享乘车公司的规模有多大。

世界最大的共享乘车市场在中国，其次是美国，这种业务在激烈的竞争中成长。日本站在第四次工业革命的入口，是该想一想接下来要做什么了。从目前的情况来看，日本已经大幅落后于世界了。

---

① 译注：在 2021 年 6 月 11 日滴滴所递交的 IPO 招股书中，日本钦银已成为滴滴的第一大股东。

正是普通民众的评价才让人信赖

传言说，Uber 为了改变"出租车以包租汽车为中心的传统制度"，在华盛顿安插了大约 300 名"说客"。

在美国，各个州的制度有区别，所以 Uber 在各个州提供的服务也不同。在纽约，可以付 79 美元包月，享受每天的车接车送服务，等于月租 8 000 日元享受包车服务。如果乘坐地铁，每个月会消费 120 美元，相当于 12 000—13 000 日元。很明显，使用 Uber 更划算。

虽然有人会提意见说"日本人不喜欢 Uber 这样的共享乘车模式""日本人不会上那些陌生人的车"，但我不这么认为。

我有朋友住在纽约，也有朋友住在旧金山，两个人都是日本人，但是他们已经把自己买的车卖掉了。如果感受过 Uber 的便利性，就会觉得没必要买车。我去美国找他们的时候，他们会说"我用 Uber 叫辆车吧，6 分钟内就能到，非常方便"。否定 Uber 的人是因为没有体验过 Uber 的方便性，所以才说 Uber 有这样那样的不好，但是一旦感受到了这种便利，估计就没那么多意见了吧。肯定会有越来越多的日本人使用 Uber 的服务。

实际上，我们在日本国内打车时，对于乘客来说，出租车司机不也是素不相识的陌生人吗？这些出租车司机，既有开车不规范的，也有说话不好听的，而且车内环境也未必都是干净的。

一直以来，评价出租车服务的都是政府机关。但是评价 Uber 司机的正是那些和我们一样的普通老百姓。你觉得，哪种评价可信度更高呢？

在选择酒店或餐厅的时候，我们通常会在 Kuchikomi① 上选择。同样，我们也可以对司机做出评价。Uber 这样的共享乘车模式正是充分利

---

① 译注：类似国内的大众点评。

用了大数据的功能以及其中所储存的大量个人评价信息，才取得了大众的信任。大家一定不要忘了世界上其他国家已经逐渐开始搭建这种模式了。

有必要把"事前规范"的思维转变成"事后处理"

Uber 也出现过纠纷。但是 Uber 依然能获得用户信赖的原因,就在于他们建立了一套无论有什么突发状况都能在事后及时处理的体系。要开展新业务必然会出现纠纷或不测,所以重要的是,如何在问题发生后及时处理。实际上,Uber 从创立之初就问题不断。他们通过整顿"立即退款"系统等措施,解决了一个个的问题,从而获得了用户的信赖。

但是日本人的想法完全是相反的。因为极度重视安全和放心,为了保证不出现意外情况,日本人事前会做好万全的准备工作。比起建立事后处理的系统,日本人更看重的是事前的规范。正因如此,当发生问题时,就会有人跳出来说"你看,出事了吧"来批判政府管制疏松。

人类做的事情存在太多不可预测性,无论事前多么努力做准备,都无法让问题出现的概率降至零,根本不可能保证 100% 的安全和放心。但是,日本人对安全和放心格外重视,极度严格。因此,新兴行业和业务在日本很难开展。安全和放心固然重要,但是,既然无法在一开始就制定出完美的制度与规范,那么,如果日本还不肯在推动新业务的同时去搭建事后处理系统的话,就要不断落后于世界了。

为什么共享乘车服务要先从人口稀少地区开始呢？

在日本人口稀少的某些地方城市已经有类似 Uber 这样的共享乘车服务了，尤其是在出租车数量较少的城市。

如果你住在大城市，在马路边等一等就能在"出租车流"中拦到一辆出租车，而且到处都有出租车上车点。但是在偏远的小城市里，只能打电话叫出租车。即便叫了车，也时常会发生车一直不来、要等好久的情况。在小城市居住，没有车寸步难行。老爷爷老奶奶们年纪大了腿脚不好使，也很难自己开车，公交车的数量又很少，而且有很多地方还没通公交车。出租车的数量较少，因此的确存在共享乘车的需求。

在人口稀少地区，出租车数量不足，如果不和别人拼一辆出租车，或者没有共享乘车服务，当地居民的出行就是个难题。因此，在人口稀少地区，从以前就有特殊法令允许引入共享乘车服务。但是，由于受到各种各样的制度限制，居民很难轻易享受到这种服务。例如，即使在一片指定区域内可以接上搭车人，但是却无法开到这片区域以外的地方。如果在人口稀少地区载人前往指定区域以外的医院看病，回来的时候就不能搭同一辆车回家。的确存在不少让人觉得"莫名其妙"的规章制度。

行业协会是地方政治家的选票田

那么，当地为居民提供服务的地方自治团体，面对这种改革时态度是积极的吗？并不。从很早开始，出租车行业和旅馆行业里的这些既得利益群体就和当地有权有势的政治家有牵连。对于当地的政要或议员来说，行业协会就是他们的选票田。因此，如果行业协会反对，那么一般来说这些政治家也会持反对态度。

只有极少数情况确实相当困难的人口过疏地区，例如兵库县养父市和秋田县仙北市，申请成为国家战略特别区域（以下简称特区），要求批准共享乘车服务的合法化，而这种特区真的只是极少数的个别案例。2016年10月举行的养父市市长选举，对于做出了巨大成绩、目标是三次当选的广濑荣市长来说，是一场异常残酷的选举战。这样大家就能明白，一个积极的改革派政治家要面对来自行业协会的多么巨大的抵制压力了。

很明显，在人口稀少的地区，导入共享乘车服务对于居民来说无疑是件好事。但是，共享乘车的好处不被人理解。而且，那些会因此丧失既得利益的人会疯狂反对改革、影响选举，因此，有很多改革在中途就被扼杀了。如果广濑市长在这次选举中落败，那么养父市的改革就会中止。一个改革能否推进下去，很多情况下都取决于市长。制度改革虽然会受制于各种各样的国家管制，但是各个地方城市自己的管制也有不少问题。

例如，"待机儿童"问题，其原因在于幼儿园的数量太少。其实多建几所幼儿园就可以解决问题了。但是，部分幼儿园是股份公司建造运营的，而至今仍有很多地方自治团体不认可股份公司旗下的幼儿园。2000年以前，只有地方自治团体和社会福利法人运营的幼儿园才能获得认可。在国家放松管制之后，自2000年起，股份公司运营的幼儿园也获得了认可。随后，虽然交给了地方自治团体进行管理，但还是发生了多起地方自治团体不认可股份公司设立幼儿园的事例。这是因为当地的社会福利法人向地方自治团体施加了很大压力。

关于"待机儿童"的问题，还有一个原因，那就是幼师不足。为什么会缺少幼师呢？因为在日本，幼师资格考试一年才举行一次，而且考试非常难。

为了打破这一僵局，特区培养了一批当地限定的幼师。神奈川县设立了地区限定幼师制度，这些幼师只能在县内工作，目前横滨市有大约 1/10 的幼师都是当地限定的幼师。这种小的改革，只要当地的行政长官想做就一定能做成。

美容师与美发师也一样，只要在指定的学校毕业，或者通过相应的资格考试，就可以成为专业的美容师或美发师。这种考试的题目相当难，比如会问"希腊时代的人留哪种发型"。这种和现在的美容美发完全不沾边的题目会出现，也是因为一些不希望美容美发师的数量超过限额的行业协会和学校想要维护既得利益的缘故。

如果不改变以上这些"奇怪的规定"，那么在日本就根本不可能真正地推行第四次工业革命。

汽车的自动驾驶也受到阻碍

规章制度的限制成为第四次工业革命的"主角之一",就连日本企业有望领先于世界的"汽车自动驾驶技术"也受到了它所带来的负面影响。日本已经落后美国一大截了。在美国,可以在公路上进行自动驾驶测试,但是在日本却不行,因此两国在自动驾驶测试中得到的数据,质和量都有很大差距。这样下去,两国的差距会越拉越大。

另一方面,即使技术层面没有问题,可是汽车的自动驾驶会得到社会的认可吗?我认为,很大的可能是,即使目前处在研究开发的阶段,今后也无法将它真正推行到实用层面上。这里面不仅有国家的问题,还有企业和大学的问题。

我在前面也讲过,国家的问题就在于,他们倾向于找一个看起来差不多的行业,把一个新兴行业硬塞进去。关于企业的问题,其实金融科技Fintech就是一个很好的案例。如果真心希望现有的银行能够成功,那么就让擅于活用 AI 技术进行技术革新的风投公司的社长来担任"金融科技责任董事",或者设立金融科技部门,从科技公司挑选一名三十多岁、穿着牛仔裤的年轻人来担任部门负责人。

如果这种事情能成为现实,那么就会引发劳动力市场和工作方式的改革浪潮。由于在论资排辈和终身雇佣制度的背景下绝对不可能允许这种情况出现,所以这将是一场对日本劳动力市场的挑战,对日本特有的雇佣惯例的挑战。

但是,在奉行论资排辈与纯血主义的日本公司里,这种情况绝不可能发生。

在大学里,面对数字技术问题,高等教育做到了何种程度?大学是否正在筹措世界最先进的师资队伍与机器设备以提升教学水平?我对此深表疑问。在日本,有几所大学能够培养出在全球都通用的专业数字技术人员呢?日本的大学教员,基本上都是论资排辈的终身雇佣人员,所以现在的理工科教授中称得上是数码领域专家的人绝对是少数。主流还是传统的工程学等专业。在这种环境下很难培养出年轻的数字技术人员。

中小学也同样存在缺乏数字人才和专业性数字教员的问题。例如，在神奈川县藤泽市的中小学，如果能让庆应义塾大学村井纯教授带领的研讨小组中的大学生教授中小学生网络问题，肯定要比现在学校里的老师讲得清楚而且深入。但是，在日本，不允许那些未获得教师资格的人在中小学授课。这种制度有很大弊端。教师资格制度本应是为了保证教师的质量在一定程度以上而设立的，但是反过来，这种制度也将一些能力较高的人排除在外。在教育领域，能否根据当今时代的现实情况，适当对现有制度中的不合理的部分进行改革，也是个疑问。

国家有责任，企业有责任，教育部门也有责任。向国民传达这种问题的媒体的作用也很重要。但是由于媒体理解不充分，传达的东西也抓不住重点。可以说日本社会整体的应对能力都非常差。

第四次工业革命并不是一个可选可不选的东西。所以，没有必要去讨论它究竟好还是不好。第四次工业革命就是活生生的现实，今后会发生在每个人的眼前。

第 2 章

由创业公司主导的下一代变革

"工业4.0"开始于德国

"工业 4.0"一词最初由德国政府提出，它经常被当作是第四次工业革命的同义词。2011 年，在世界最大规模的国际工业盛会汉诺威工业博览会上，德国政府首次提出了"工业 4.0"的设想。

这一设想的目的是提高德国工业的竞争力，西门子公司（Siemens）和大众汽车公司（Volkswagen）等德国的主要企业从改革的初始阶段就参与进来了。某些产品由于大量生产，已经出现同质化现象，如果继续生产那些即使在人工成本很低的国家也能生产的廉价商品，就会因为高人工成本而失去竞争力。今后必须要做的就是生产高附加值的新时代的商品，其中之一就是，满足每个客户要求的"定制产品"。为了达到这个目的，工厂必须要改造成"智能工厂"。也就是说，要用网络把工厂里的一个个机器连接起来，收集它们的生产率等信息，而后分析收集到的信息，在此基础上实现最高效率的生产。但是，现在，坊间谈起第四次工业革命时已经不会提及制造业或生产现场的话题了。AI、机器人、物联网、大数据、共享经济……更多行业引入了 IT 技术，工业发生了重组，我在第 1 章里也说过这些。

在世界首脑齐聚一堂的"达沃斯论坛"上，这些年，已经多次讨论过第四次工业革命的课题了，但是这些讨论并不热烈。大多数人认为，在整顿互联网的基础设施之后，人类的信息处理能力得到提升，技术有了阶段性的进步，所以发生的都是理所应当会发生的事情。这些讨论完全没有革命前的高亢气氛或者是争强好胜的感觉，也没有那种担心落后于人的危机感。落后的人、企业甚至国家，只表现出了一种破罐子破摔的样子。

但是，在 2016 年发生了英国脱离欧盟的事件，也就是"脱欧"。为了更好地发挥民主主义的作用，必须要消除社会的分裂与断层。这也增强了人们的问题意识，促使人们思考如何发挥第四次工业革命的作用。

由国家管理大数据的爱沙尼亚共和国

尽管德国政府挥舞大旗推动着第四次工业革命，但是有一个国家在这方面比它跑得更快更远。那就是波罗的海沿岸的北欧①国家爱沙尼亚共和国。

现在，亚马逊或谷歌等美国科技企业保存并管理着庞大的大数据。如何实现大数据的跨领域运用是一个法律问题，这个法律问题在未来会成为一个大课题，而且争夺主导权的纠纷也会出现。爱沙尼亚并没有让企业来保存和管理大数据，而是尝试全部由国家进行管控。爱沙尼亚正在努力尝试建立一个数字信息社会"e-Estonia"。通过"e-Estonia"，每个国民的大数据都以国家为主导来保存和管理。虽然社会上围绕着由国家统一管理国民大数据是好是坏这一问题而议论纷纷，但是爱沙尼亚政府的确正在推动这一项目。

个人信息全部由国家保存管理，纳税等行政服务就会提高效率，国民只需要一张身份证就可以享受全部的行政服务。也许还可以筛查恐怖分子。然而，有人反对国家保存管理有关国民健康状况等涉及个人隐私的信息。在日本导入"MY NUMBER"制度的时候，社会上也出现了赞成和反对的两种声音。任何事物，都有好的一面和坏的一面。在爱沙尼亚这样一个人口只有大约130万的小国家，由于没有一个世界级规模的大型企业，因此国家统一保存管理国民大数据这一行为并没有受到来自国民的抗拒。

---

① 译注：原文将其归属于北欧国家，我国则习惯将波罗的海三国视作东欧国家。

特斯拉的目标不是汽车而是——

在前文中，关于第四次工业革命，我已经举了德国和爱沙尼亚的例子。而美国的情况则截然不同。

作为一个国家，作为一个联邦政府，美国并没有明确制定政策来大力推动第四次工业革命，甚至让人觉得美国政府已经全权委托给民间企业去发挥创意和智慧了。结果就是，谷歌等尖端 IT 企业诞生并不断成长壮大。现在，谷歌的企业价值已经是世界第一高了，甚至超过了金融巨头高盛集团（Goldman Sachs）和摩根士丹利（Morgan Stanley）。

接下来我还要介绍一个极具美式风格的故事。故事的主角是以加州的硅谷为据点、生产开发电动汽车的特斯拉公司（Tesla Motors）。特斯拉的 CEO 是出生于南非的埃隆·马斯克（Elon Musk）。该公司在 2008 年发布了第一款电动汽车产品，和日本的丰田汽车公司以及松下公司都有业务合作关系，一直致力于开发轻便时尚的电动汽车。他们的目标是在未来实现搭载自动驾驶功能的电动汽车的批量生产，将系统开发外包给谷歌公司。我乘坐过好几次特斯拉的汽车，为测试车辆自动驾驶，从停车场开到了玄关。特斯拉已经做到了让一辆无人驾驶的汽车自动行驶。

坐在里面才发现，车体内部摆了一排信息接收器，看起来非常像飞机的操作台，还播放着音乐。"竹中先生，现在您听到的是来自瑞典广播局的节目。"当时我是在香港乘坐特斯拉的车，但是可以通过互联网听到瑞典的广播，还可以通过触摸大屏来看地图。可以从香港地图切换到谷歌地球的卫星照片，还可以放大或者缩小。这次体验给我带来的感受是，车内的空间变成了一个"可以感受快乐的地方"。特斯拉破除了"车就是用来开的"这样一个常识，重新建立起汽车是一个移动的、"可以感受快乐的地方"的价值观。

当然，对于喜欢开车的人来说，选择可以亲自驾驶的汽车就好。但是，在个世界上，也有很多认为"开车太麻烦了"的人。而且老年人驾车引发的交通事故越来越多。对于这些人来说，自动驾驶汽车或者共享汽车带来的便利性更高，满意度也更高。

特斯拉的目标并不是汽车，而是"新事物"吧。

成就了硅谷的不是补助金，而是"大学"？

在美国的硅谷，为什么会不断出现像特斯拉这样善于创新的公司呢？

很多国家的政治家和政府官员前往硅谷考察，希望在本国也建立起一块类似于硅谷的地方。但是，在建立硅谷这件事上，美国政府其实没做什么努力。

在日本，有一种政策是"来我们县投资吧，我们提供补助金"，然而美国政府以及加州政府并没有这种政策。相反，政府在硅谷建立了优秀的大学制度。在当地大学可以自由研究学术，大学老师也可以成为公司董事。政府建立了商业大学，聚集了一群致力于创业的人才，斯坦福大学商学院就是这样一所学院。

为了便于企业发展，政府整顿了税制。虽然建立了优秀的大学，但是并没有对建立硅谷做什么特殊的支持。各个创业家在一起切磋技艺，互相竞争，硅谷逐渐成为最容易推动工作的地方。有了如此高的评价，如此好的工作条件，这里逐渐聚集起一群人，于是便形成了硅谷。

无论是脸书（Facebook）还是谷歌，管理层有很多人本身就是从海外来到美国的留学生。硅谷有一种文化，就是重视来自国外的优秀人才。在美国或者澳大利亚，在讨论发展战略的时候，一开始讨论的一定是移民政策，因为这是提高国内生产总值（GDP）最简单的方法。如果工作的人数、赚钱的人数增加，那么经济自然就会增长。

在美国，在遵守法律的前提下可以自由尝试变革。美国有支持创业公司的生态系统，还确立了风险投资制度，有许多个人投资家。面向个人投资家有很多企业会开展关于资产运用等各种课程。互联网也是如此。在美国，之前就有根据军事需要而诞生的新技术。今后，类似的创新会越来越难出现吧。

取而代之的是，从大型化学公司中拆分出去的制药公司取得成功的案例越来越多。如果一个大公司在没有方针的前提下进行研究开发，会找不到重点。所以，成功研发药品的公司往往是中小型的创业公司。针对制药行业的风险投资也开始昌盛起来，投资家看准机会后，纷纷踊跃融资。这样一来也会有人毛遂自荐说："我来做你的法律顾问吧。"这就是支撑着风险投资的生态系统所带来的成果。风险投资，只靠一个人肯定是不行的，靠众多的民间组织和人参与其中，才能得以成形。

"回归本职"和"天下太平"正在拖日本的后腿

　　爱沙尼亚共和国在政府的主导下轰轰烈烈地推动着第四次工业革命的车轮，相反，在世界第一大国美国，政府并没有过多参与，而是民间各个企业单打独斗来拉动第四次工业革命。日本的情况又是怎样的呢？我认为，要推动第四次工业革命，来自民间企业的创意和思考是非常重要的，我希望日本能延续美国的模式进行下去。但是，从日本目前的状态来看，貌似难度较大。

　　现今的日本没有充分发挥企业管理的作用，即使公司业绩恶化，社长依然不肯辞职，坐在位子上安稳如山。而且，劳动力市场僵化，虽然劳动力数量比早些年增加了，但是跳槽等人才流动的现象依然较少。关于日本各行各业新陈代谢缓慢的问题，我在第 4 章里会详细陈述。但是在这里我想说一下新陈代谢的重要性，保圣那集团（Pasona Inc.）法人代表南部靖之先生说过一段很有意思的话，在这里我想和大家分享一下。

　　"人们常说'回归本职'，但是这句话本身就很奇怪。所谓'本职'，不是一个时常变换的东西吗？对于一家新公司来说，目前在做的事情就是本职工作。"

　　南部先生说这番话，是考虑到了企业也需要不断进行新陈代谢。"回归本职"这种说法，无非是让人沉溺在曾经的成功经历中走不出来，即使现实情况已经发生改变，还是要蒙上眼睛往回走，说到底就是一个丝毫不强调进步的说法。

　　现实中，坐落于硅谷的苹果公司在创业过程中历经沉浮。史蒂夫·乔布斯（Steve Jobs）创立了苹果公司，也曾因为经营问题和内部斗争短暂地离开，之后又回到苹果公司并大获成功。这种沉浮与新陈代谢才是资本主义特有的活力，但是在日本，人们追求的仍然是稳定。

　　此外，堺屋太一先生也有一个有趣的观点。在江户时代，有一个四字成语用得非常广泛。在日本闭关锁国、不和外界交流的时期，全国上下都在用这个成语。在全日本的神社到处都能看到它，连相扑比赛的裁判手里拿的那个指向获胜方的军扇上也写了这四个大字。是什么呢？

——"天下太平"。

天下太平的意思是，今天和昨天发生的事是一样的，也可以理解成非常稳定，稳定到了毫无进步的程度。所以，明治维新时期，人们便不再使用"天下太平"这种说法。我们现在所处的时代也是一个可以与明治维新相匹敌的巨变之世。马上要发生的就是第四次工业"革命"，当下的人们应该抛弃追求稳定的"天下太平"的价值观。

差不多该从成功经历和"民主主义的桎梏"中挣脱出来了

我还想说，日本人差不多该从"成功经历的牢笼"中挣脱出来了吧？经过了经济高度成长期，跻身发达国家行列的日本，现在正面临痛苦的局面。经济学家约瑟夫·熊彼特（Joseph Schumpeter）有这样一句名言——"资本主义，因其成功而失败。"

日本的企业普遍因为经历过经济高度成长期而有成功事例。但是，现在这个时代追求的是完全不同的能力，即行动力。然而，大企业的管理层依然得意扬扬地说"我当年如何如何了不起"。正是因为这种成功经历太强烈了，才会让自己走向失败。

美国的经济也经历过类似的时期，英国也是。越南战争时期，美国经济陷入泥潭，社会发展停滞不前，直到 1981 年罗纳德·里根（Ronald Reagan）总统上台执政为止，生产率都持续低迷。英国在第二次世界大战之后，也曾有很长一段时间经济发展缓慢，在世界列强中的地位下降，人们通常称其为"英国病"。"英国病"最终被当时的首相玛格丽特·撒切尔（Margaret Thatcher）治好。

反观日本的现状，要想让领导人迅速做出决策、积极推进改革，是很难的一件事。也许是日本过于在意"民主主义"了。民主主义要求领导人同时听取赞成和反对意见，必须要花一段时间在社会上取得广泛的认可后才可以做出决策。既有花费太多时间的情况，也有花了时间和精力却得不到社会广泛认可的情况。

另外，对于在选举中获胜的政治家来说，应当实现最优化的"目标函数"是什么，也是个大问题。例如，在日本，比起"减税"，"补助金"的问题更加优先。这是为什么呢？我举个例子：降低法人税率。这给作为纳税大户的、业绩良好的黑字企业带来了恩惠，但是却不会给业绩恶化的赤字企业带来好处。对所有企业来说，补助金都是国家给予的恩惠，然而向政治家请愿的往往是业绩差的赤字企业。结果就是，政治家为了给支持自己的企业带来好处，通常不会选择减税，而是提供补助金。

另外，不得不选择减税的时候，政治家尤为厌恶的就是降低法人税率。理由非常简单，如果实施了一次，就不会有第二次。投资减税之类的特殊措施限期"两年"，在超过期限之后，是否继续采取这种特殊措施，要根据措施的影响力进行判断。降低法人税率这种事情，只能实施一次，所以政治家不想这么做。

如果企业的"目标函数"是收益最大化，那么大多数政治家的"目标函数"就是影响力最大化，所以，他们的一贯做法就是选择符合自己目的的行动。但是，这种做法只是为了自己的利益，而不是为了日本的未来。

"民主主义"是个非常麻烦的事情，如果陷入其中，面对变化，很难迅速做出应对。现在的日本经济，恐怕正处在这样的时期。日本要想成为第四次工业革命的领跑者，应该很难了吧。

不参加人才争夺战的话就会……

日本还缺乏一样资源，那就是，第四次工业革命需要的优秀人才。

三十五年前，我第一次去哈佛大学留学的时候，有个前辈带我去 MIT（麻省理工学院）。在 MIT 校内的公告栏上贴着一些教授的名字。前辈问我："这些名字你都念得出来吗？"我发现我念不出来。那些叫亚当斯（Adams）或者威廉姆斯（Williams）的名字我姑且还读得出，但是"Wachipetica"这种名字我都不知道该怎么读，很明显这不是英语国家的人名，MIT 的确是聚集了来自世界各国的优秀头脑和人才。

全球化进程使得各国对人才的争夺越发激烈。不仅是争夺高智商人才，优秀的设计师、音乐家等艺术家也在争夺战的对象名单中。日本似乎在一开始就放弃参加这场人才争夺战了。"人才争夺战"的日常化，不仅限于美国，就连相对封闭保守的欧洲，也是同样。在人才的流动上，稍微注意一下就能发现，只有日本的行为相当异常。

在欧洲，德国面临少子化问题，为了确保劳动力充足，开始接受移民。如果优秀的人才来到自己的国家，这些人就能够获得高收入，向政府缴纳高额税金。如此一来，也许就能有更多的就业岗位。但是在日本，丝毫没有讨论过移民政策。如果没有外国人在日本进行创业，那么来日本留学的外国学生就会减少。在大学、企业、研究所中，只有日本人的身影，这种环境，比起能够和外国人交流讨论的环境，哪一种会给日本带来更多刺激呢？答案不言而喻。

说到中国，基本上也没有积极地吸引来自世界各地的人才，但是他们会和那些去美国等发达国家留学的本国成功人士保持密切的联系。比较有象征性的例子就是担任国际货币基金组织（IMF）全球副总裁的朱民先生。他是一名居住在美国的经济学家，基本上就是个美国人了。他曾经在中国人民银行担任过一年的副行长，就是类似日本的日本银行行长那个职位。这位居住在美国的经济学家仅担任过一年中国人民银行的副行长，之后就成了 IMF 的副总裁。中国就是采用这种方式有效发挥身在国外的优秀同胞的作用的。

很可惜的是，在日本，根本不可能让一个活跃在海外的人才一下子担任日本银行副行长。政府内部的职位怎么可能让一个体制外的人来分一杯羹呢？

梦想中的素材——人造蛛丝由创业公司制成！

日本的人才数量是个大问题，但是在这样一个不利的环境中，努力创业的年轻企业家仍在增加。

首先我想介绍的是 Spiber 公司的创始人，他就是曾经就读于庆应义塾大学研究生院的关山和秀先生。Spiber 公司总部设立在山形县的鹤冈市，他们成功研制出人造蛛丝纤维 "QMONOS"，并实现了批量生产。这个人造蛛丝业务成了 2012 年日本经济产业省的 "高功能基因组设计技术开发" 项目，在 2013 年成为日本新能源与产业技术综合开发机构（NEDO）的 "创新实用化创业支援业务"。日本第四大运动服装公司高得运（Goldwin）与 Spiber 联手，和运动风衣户外运动服装品牌北面（THE North Face）合作推出了 Moon Parka 运动风衣。

人工合成的蛛丝纤维是梦想中的素材。以前，美国航天太空总署（NASA）与杜邦公司（DuPont）等世界知名大公司挑战过人造蛛丝纤维的实用化，但是结果都不尽人意。天然蜘蛛丝的强度是钢铁的四倍、碳纤维的十五倍，是一种有超强韧性的材料。而且它的柔韧性强于尼龙，比钢铁和碳纤维更轻便，耐热性更高。蜘蛛丝是一种蛋白质，可以自然分解，适合回收再利用。如果人工能够合成蜘蛛丝，那么实用化的前景将不可小觑。

Spiber 公司，还有关山社长的母校庆应义塾大学的先端生命科学研究所（所长是庆应义塾大学的富田胜教授），很有可能会让鹤冈市成为创业公司的聚集地，变成一个 "日本的硅谷"。我十分期待这一天的到来。富田教授和关山社长也希望能将此地打造成 "日本的硅谷"。

说到日本的社交网络业务，我要介绍一下曾经参加过我的研究组的毕业生——日本大型互联网公司 Gree（聚逸）的前副社长青柳直树先生。他在旧金山的硅谷建立了子公司，专营网络游戏业务。他也是个爱车人士，在旧金山有过好几台车，但是现在全都卖掉了。他说有 Uber 就足够了。他在日本开的是一辆特斯拉。我坐过他的那辆特斯拉，果然一打开引擎盖，里面什么都没有（笑）。

以 AI 为首，在生物科技与医学界开展商务活动的创业公司里，那些实力更强的公司并没有选择在日本国内开展业务，而是直接进军海外市场。那是因为，比起日本，美国或中国的市场更广阔、更有前景。而且，这些国家又不像日本那样有那么多的制度限制，也没有那么多奇怪的障碍，开展工作相对容易一些。

在美国华盛顿州西雅图市的自家住宅的地下室里创立的制药创业公司 Acucela 就是一个很好的例子。创始人洼田良先生毕业于庆应义塾大学，获得了眼科研究博士学位。之后，他作为眼科医生就职于虎之门医院，完成了多台青光眼、白内障的手术。不久后他远渡美国，就职于华盛顿大学，之后就在美国自己创业了。Acucela 公司正在着手开发治疗增龄性黄斑变性的口服药，这是一种因视网膜中央的黄斑区病变而导致视力下降的病症。如果药物研制成功，那么将会有 5 000 亿日元以上的市场，也会是一次全球瞩目的成就。

日本不具备适合创业公司的"生态系统"

目前，日本还无法做到向投资者提供充分的信息以便其选择投资项目，从而促进创业公司融资，也就是说培育创业公司的"生态系统"还不完善。创业公司全都被当成大企业培养了，以这种方式培养出来的创业公司，是绝对不会成功的。例如，日本有钱，也有可以用来投资的资金，但是，日本的投资方却没有冒险精神。日本的投资方不肯承担投资风险，这就是问题所在。

先不说企业的例子，单说投资这一方面，山中伸弥教授的 iPS 细胞研究，竟然在 10 年间收到了来自日本政府的 1 100 亿日元的融资。虽然相关人员很开心，但是之后发现其他国家的竞争对手公司竟然拿到了 10 倍金额的融资。

而且，日本的创业公司有个特点，那就是技术型的创业公司只懂技术，对于金融、税制、社会的理解并不太到位。在 MIT 有一个很有名的商学院，即斯隆商学院（Sloan School of Management），创办时的初衷是想让工程技术人员学习管理知识。现在，斯隆商学院已经成为全美数一数二的商学院。

中村修二教授在德岛县的日亚化学工业公司就职期间发明了蓝光二极管，之后他前往美国加州大学就职。后来有许多人询问他这样一个问题——

"你什么时候创业啊？等你成功创业一定要告诉我啊，我想给你投资。"

这是他本人说的。这个小插曲，他写在了自己的论文当中。

在美国，无论是投资方的心态，还是当地的税制，和日本都有区别。在日本，为了能让投资方大致计算出如果投资失败将会承担多少损失，也整顿了税制。但是在美国，这种税制整顿早就已经开始了。

"发明"与"创新"的区别

现在对年轻人说"剪票",他们可能不懂为什么要用"剪"这个动词。那是因为他们不知道,以前车站剪票的工作人员会在乘客的车票上"咔嚓"剪一个洞。年轻人从出生以来,见到的都是新型的自动检票机,用的是Suica 或者 ICOCA 这些带有感应装置的 IC 交通卡,这种非接触式交通卡的普及,也许会让年轻人连纸质车票是什么都不知道。

到了 2020 年东京奥运会以及残奥会的时候,很有可能全部换成感应式的塑料牌或者 IC 卡,甚至智能手机也可以用来刷卡乘车,纸质车票将退出历史舞台。

因此,有必要跟随技术的进步,改变社会制度。例如,在非接触式的IC 卡刚刚问世的时候,像建立广播电台那样,需要有关部门对车站内的每一台自动检票机做出批准,因为自动检票机会发射电波信号。这实在是太莫名其妙了。法律最终还是对其做出了修改。在我们所处的社会中,为了防止随意发射干扰信号,发射信号的机器必须得到国家的认可。自动检票机的确是发送信号了,可是也没必要让每一台机器都获得批准吧。

技术越是进步,这种可笑的事情就会越多。重要的是,技术上可以实现的事情,实际落实到社会上之后便大有不同。"发明"(invention)与"创新"(innovation)并不是一回事。"发明"指的是运用技术获得前所未有的事物或方法。"创新"指的是消除现存的问题,例如"不会引起社会问题吧""能否从投资方或银行获得融资呢"等,解决它们,最终将"发明"落到实处。也就是说,创新是一种关乎社会事业和商务的行为。

爱迪生(Thomas Edison)之所以伟大,不仅仅是因为他发明了电力产品,还因为他向纽约的众多家庭销售电力,使电力上升到了商业领域。现在住在纽约的人,恐怕还在向联合燃气爱迪生公司(Consolidated Edison)支付电费吧。爱迪生不仅是一个发明家,还是一个企业家。

重申一遍,技术领域的发明,和它是否对社会有贡献,完全是两回事。

好不容易有了一项技术发明，如果没办法对社会做出贡献，只能说很可惜，它是一块"没用的宝贝"。在美国，为了不让这些宝贝成为没用的垃圾，他们建立了各种各样的扶持机制。在硅谷，面向个人投资方开设了投资课堂，面向投资失败的人开设了法律咨询处，可以说提前准备好了各种辅助风险投资的支援设施。这就是所谓的生态系统。

在创业风险投资日常化的过程中，要逐步建立起完备的支援体制。这样一来，即使政府考虑不到所有的应对措施，但当需求产生时，自然就会有人出来提供对策。在日本，虽然银行准备了一部分风险投资资金，但是银行和风险投资之间，在理念上恐怕并不一致。银行的盈利模式是定期收取利息，但是风险投资是一个时常失败、偶尔成功的东西。在日本，银行等传统金融机构依然占主要地位，基金组织的地位非常低。在美国，创业成功的经营者会面向尝试创业的人提供自己的经验，设立基金会。日本虽然也有一些这样的例子，但是比起美国来说实在是太少了。在美国，像亚马逊或谷歌这样成熟的大公司，会对新的创业公司进行投资。在日本，有类似软银集团（Softbank Group）的孙正义这样的人物。真正能为新的创业公司带来帮助的，说到底正是他们这样的人。

国家向创业公司投资，从根本而言是不合适的。为什么呢？如果这个创业公司失败了、亏钱了，就意味着国民缴纳的税金打水漂了。向创业公司投资，不应该是国家做的事，而是民间企业或个人应该做的事，这样对社会来说更有利。对此，国家应该做的并不是直接拿钱去投资，而是改革税制。

为什么日本人没有"投资头脑"呢？

日本人到现在都没有习惯投资这件事，在学校的时候也没有接受过有关投资的教育。这其实是有理由的。在日本，说到无须考虑难度也绝对能赚钱的长期投资，就是投资房地产或土地。在经济上行的时代，房地产是一个零风险、高回报的投资对象。

所以，可以说现在的成年人几乎没有接受过关于风险和收益的投资训练。虽然在年轻的时候就应该增强这方面的意识，训练自己对风险与收益的敏感度，但是大多数的日本人并没有接受过类似的训练。当今时代的日本人是在盛行"攒出一套房的首付，买房还贷"的"土地神话"中长大的。自1991年泡沫经济破灭以来，已经过去了许多年，但是总的来说通货紧缩还是存在的，这导致了人们不愿意投资。

在日本，向创业公司投资的金额不大，其背后最大的原因就是，个人的资产并不多。比起承担风险，人们更倾向于保守地看好现有的资产。那些高收入人群，个人所得税的边际税率很高，缴纳的税金也高。受到2015年税制改革的影响，遗产税的基础免征额减少了四成，导致原本只有约4%的遗产缴税人增长到了约6%。日本人看起来很爱存款，但是实际上存款并不多。所以老年人破产问题和护理困难问题愈发突出。

老年人持有的金融资产中，银行存款依然占据着50%。在小泉内阁时代，政府呼吁民众"少存钱，多投资"，存款率从54%降至48%。本以为会持续下降，没想到不久又回到了初始状态。那是因为通货紧缩，也是因为民众对于政府推动改革的期待程度并不高。

另外，能够让老年人以合理的价钱入住的养老设施并不多。像圣路加国际医院那样的养老设施，不花个上亿日元根本别想住进去，然而，就算想住一个便宜点的特殊养老院，也要等好几年，不可能马上就有空位。日本想要建设合理的价位中等的养老设施，但是受制于各种制度，比较难做。人们越来越担心自己老了以后怎么办。

　　面对这种情况，表面上，就连持有金融资产的人想积极投资建设几所养老院也不能如愿。日本政府应该把社会保障问题、税金问题一同考虑在内，综合调整社会制度。

新的生态系统——"众筹"出现

在本章的最后一节，我想介绍一个投资与融资的新形式，那就是众筹（Crowdfunding）。这种生态系统已经在美国确立起来了。例如，在网上我们可以筹措资金。通常，筹措来的资金会有税额减免，当出现赤字时，收益和损失可以互相抵消。这种"损益通算"制度的存在也是非常重要的。

说到众筹，最容易理解的案例就是政治资金。第44任美国总统奥巴马在竞选时通过众筹的方式获取政治资金，这种方式在日本估计比较难见到。"要不要考虑众筹？"我最初对小泉纯一郎首相提及众筹，源于"向在福岛第一核电站事故中遭受辐射的美军提供支援活动"。对于这次"友好行动"，美日双方都希望得到好的结果。当时乘坐美国军舰的人当中，因为过于接近现场，有很多遭受辐射的受害者。

当时的日本政府并没有提供完整的信息，美方也毫无防备，没有准备好碘等物质，双方都有责任。一切都是日本政府和美国军方的责任。但是，双方都不愿提及此事。对于小泉首相这样的大人物的大肆宣扬，双方都非常警戒。我当时对小泉首相说："本次支援活动需要的资金，不如采取众筹的方式吧。如果日本的老百姓一人肯掏1 000日元，也能筹到不小一笔金额呢。"后来这事真的成了，我家也收到了政府寄来的筹款倡议信。当然，这笔钱，我是高高兴兴地出了。

众筹的形式有很多，可以众筹政治资金，可以众筹资本金，可以众筹捐款，还可以众筹顾客。我希望这种新型"投资、融资的方法"能够在日本得到更积极、更广泛的运用。

第 3 章

政策改革与安保对策

刻不容缓

第四次工业革命将"改变社会的根本"

第四次工业革命之所以是一次工业革命，是因为它将改变社会的根本。

最早的工业革命开始于 18 世纪后半叶，是一场以詹姆斯·瓦特（James Watt）改良蒸汽机为特征的动力革命，通过动力机械提高了生产效率，从而提高了经济水平，改变了社会的根本。

在工业革命之前，农业和家庭手工业基本都是夫妇二人在家进行人工作业。自从建立起工厂，大多数男性进入工厂工作，女性开始负责家中的事务，由此产生了性别角色分工。无论是好是坏，这都奠定了现代家庭生活的基础。

不久后人类也会迎来类似的社会变化和家庭生活的变化，相应的，必须要改革工作方式和教育模式。

在工业革命前，"公司"这个组织只有在需要做航海出行时才会临时成立，航海任务完成后"公司"就会解散。基本流程是：在航海前筹措资金，调拨商船，募集船员，成立公司，正式出海，进行贸易，返回解散，分配这次航海赚到的财富。

自从建立起工厂，投资对象成了固定资产，就不再轻易解散公司了。公司业务也会长期进行下去。所以，就有了持续经营（Going Concern）这一概念，人们也围绕持续经营制定了各种制度。

为了让组织长期存活，人们认为有必要把自己的技术传承下去。长期雇佣制度有利于技术的传承，所以大多数的日本制造业，尤其是大型制造业公司倾向于采用长期雇佣制度。

日本在第二次世界大战中，基本上全部的机械设备都遭到了破坏。当时的日本，只要认真整顿一下，任何行业都会向上发展。当时，日本的大学水平并不是特别高，而且社会上的教育机构也不是太可信，所以对于公司而言，最好的方式就是雇用有潜力的年轻人，在公司内部对他们进行教育。

在雇用年轻人时，最便捷的方法就是看他们的偏差值。例如，公司喜欢招东京大学的毕业生，并不是因为东京大学的教育水平高。其实公司对东京大学的教育方法没兴趣，也不甚了解，只是考虑到"能考进东大的人，肯定能很快理解吸收公司教的东西"，所以积极地招募东京大学的毕业生。

因此，与其说日本是"学历社会"，不如说是"应试社会"。

公司偏好体育专业的毕业生，是因为练体育的学生对于上级和前辈的要求从来都不会说一个"不"字。所以在当时的年代，东京大学体育专业的学生在就业时非常抢手。

这些"又乖又聪明的学霸"进入公司后，会接受公司内部的教育。也就是说，企业肩负起了教育投资的责任。既然企业在这方面投资了，就一定要收到相应的回报。为了防止新员工在公司里学会工作技能后转头跳去其他公司——这对企业来说是个损失，企业制定了能够长期留住员工的考核制度与薪酬制度。

企业对员工长期投资，当然是为了员工能长期在这里工作。因此，就有了论资排辈制度：员工在一家公司工作越久，地位就越高，而且随着年龄增加，工资也会增加。这种制度会让员工产生一种幻想："如果顺利的话，也许有一天我也能当上社长或者董事，公司就会给我配一个秘书和一辆黑色小轿车。"

就这样，日本在二战后不断推动终身雇佣制和论资排辈制。但是到了现在，严格意义上还在享受终身雇佣制和论资排辈制的人，占劳动力市场的20%，80%的人在并未实行终身雇佣制和论资排辈制的中小企业里工作。

即便如此，终身雇佣制和论资排辈制也成了日式经营的象征。在待遇较高的银行、商社、大厂等大企业工作的人，以及国家、地方公务员等，都属于享受终身雇佣制和论资排辈制的那20%群体。在这些大企业和政府单位，时至今日依然延续着终身雇佣制和论资排辈制。

既共享经济也共享人才

但是，现在技术这么发达，第四次工业革命也已正式到来，今后肯定不会像第一次工业革命之前的时代那样，以项目为单位建立公司，所以持续经营已不再那么重要了。

举个例子，今后，一个 AI 方面的专家完全没必要只为一家公司工作，他可以同时为好几家公司工作。简单来说就是他完全可以拥有“副业”。

前文中我已经从多个侧面介绍过共享经济，但是随着第四次工业革命不断发展，我们也应该考虑“共享人才”。

现在还有很多日本的公司禁止员工做兼职挣外快。有能力的人在下了班之后，只要不影响本职工作，做点其他的工作有什么不好呢？其实，在大学里面，已经有了“共享教授”的做法了。除了自己注册在籍的大学，教授还可以去其他的大学授课。

在政府的未来投资会议上，关于第四次工业革命，我陈述了以下这番观点：“在座的各位均来自日本国内具有代表性的大企业，想必大家还在禁止员工做副业吧？但是在不久的将来，共享人才终将会发挥巨大的力量。”

当时经济界的各方大鳄就坐在我旁边，但他们听了我的话之后什么也没说。

如果触犯了公司利益，那么肯定不允许兼职，为了使公司利益不受损害，有必要在遵守保密义务的基础上推动人才共享。有人也许会同时为十家公司工作，有人也许只会为一家主公司和一家副公司工作。这样一来就可以根据工作内容、个人能力、生活习惯等，选择适合自己的工作方式了。

乐敦制药公司（Rohto）和才望子公司（Cybozu, Inc.）等大型企业已经开始废除“禁止兼职规定”了。今后在日本社会将持续发生类似的巨大变化。

运用新技术，加快社会变革

然而，民主党政权与上述推行"弹性灵活的工作方式"这一社会潮流相悖，居然做出了如下规定：合同工在同一家公司工作满五年，即转为无固定期限合同工。当年也正是民主党和社会民主党结成联合政权，规定了"现在的正式工的工作方式就是正确的工作方式"。我担心上述规定今后会在日本社会引发大问题。

举个例子，在做 iPS 细胞研究等最前沿的研究时，如果需要组建一个跨度为七年的项目团队，就会出现问题。即使这个研究项目真的能按照计划在第七年完成，但在满第五年的时候，项目全体成员都要转为无固定期限合同工，到退休为止雇佣关系都会一直存在，哪怕项目已经结束了。这种规则有什么意义呢？

我们不能忘记的一个重要事实是，第四次工业革命带来的社会变化速度不是一般地快。

人们认为，智能手机市场已经饱和，销量越来越差，经济也越来越不好。

现在大家都知道了，智能手机的普及正是新经济的起点。我们每个人都拥有一部智能手机，也就是拥有了使用数字网络的基础，共享经济由此应运而生。

现在，通过智能手机和个人电脑可以收集各种各样的数据，生成庞大的大数据库。但是，如何运用这些大数据为人类造福，正是我们下一步应当思考的问题。目前我们还不清楚该如何运用这些大数据。大数据其实是一座金山，但是如何使用金山里的金矿，为社会做出贡献呢？今后答案都会浮出水面。

所以，在未来我们会看到第四次工业革命引发的各种社会剧变。我还是那句话，不要去评判这些社会变化是好是坏，因为这不是我们能选择的，而是真实发生在眼前的、躲也躲不掉的现实问题。

　　今后，无论是公司的经营方式还是人类的工作方式，还有相关的政策和规范，都必须逐渐改变。"反正都要改革，不如利用最新的技术，让改革来得更快、更猛烈些吧！"

　　有关"工作方式的改革"，我会在第 4 章里详述。

对民宿服务的奇怪规定

住宅业和旅馆业围绕 Airbnb 之类的共享住房民宿服务针锋相对。住宅业认为应该大力推广民宿服务，但旅馆业则主张严格规范民宿服务。

旅馆业的主张并不是没有道理的。为了给顾客提供安全放心的住宿体验，旅馆经营者投资设立 24 小时前台服务和自动喷水灭火系统，并努力使这些服务成为行业规范与标准。但是，如果以后那些不需要在前台和消防措施上投资的普通住宅或公寓成了自己的竞争对手，肯定会破坏行业规矩，抢走自己的生意。

然而，今非昔比。在过去，普通民众不知道哪家旅馆住起来安全，所以正规经营的旅馆必须得到《旅馆业法》的认证。现在不一样了，即使没有《旅馆业法》的认证，人们也能通过最新科技获取信息，找到安全放心的住宿地点。所以，旅馆业的抵制不会永远持续下去，终究不得不妥协。

现在新出现的问题是，有多大可能性会出台奇怪的"规定"。

厚生劳动省在 2016 年 6 月公布的《民宿服务的制度设计方法》中规定，全面解禁民宿服务，条件是一年提供民宿服务的累计天数不得超过 180 天，相当于规定民宿的"入住率不得高于 50%"。

在《旅馆业法》中并没有类似的规定。那么又是为什么可以设定上限呢？其实是因为涉及了《借地借家法》的内容。

设想一下，我把我的公寓租给你，这个行为没有问题，但是会受到制约，租期必须长于一个月，只租一两天的行为是不合法的。《借地借家法》规定，在出租住宅时，出租方与承租方必须承担应有的责任，至少要以月为单位出租。

在特区，起初把"一个月以上"的规定压缩成"一个礼拜以上"，之后进一步压缩到"三天两夜以上"。目前正在尝试进一步缩短时间限制。

如果你认为这种改革规定的方向是正确的话，那么政府也会在其他方面设置上限。当然，这种规定在特区内不适用，但这真的是个很奇怪的规定。为什么要把民宿的入住率上限设为 50% 呢?

《借地借家法》为的是保护出租人和承租人之间的契约关系。所以,双方都负有责任。出租方必须提供安全的设施,承租人必须爱惜地使用,保持干净整洁,如期归还。这样,只需要在《借地借家法》中加入对民宿服务的规定就可以了,没必要在《旅馆业法》里强行加入民宿服务的条款,不然就会出现这种奇怪的上限要求。

"UberEATS"运的不是人而是"食物"

Uber 在日本遭到了出租车行业的强烈抵制，因此迟迟未展开面向普通民众的派车服务。出租车行业和租车包车行业联手，开始调集闲置车辆提供派车服务。

我体验过很多次，想叫车的时候就会叫来一辆包车。先不说别的，出租车和包车的确有一点共享经济的意思，但还是没有建立起面向普通民众的派车服务，没有实现真正的共享经济。

但是，Uber 果然不可小觑，他们在日本找到了一项新业务，这是一项让我也很关注的服务，叫作"UberEATS"。看名字能猜到具体是什么服务吗？其实就是"送外卖"。送人不合法，但是送"食物"就没有问题。而且，考虑到用汽车送餐会触犯《货物运送法》，所以一般送餐员会骑着摩托车或者自行车送餐。比如，一家荞麦面店接到一个外卖订单后，会通过Uber 来寻找一个送餐员上门取餐。目前在这个平台上注册用户已经超过了一千人。

先不说这个业务在将来有多大前景，至少 Uber 让用户认识到"原来Uber 是这样的系统啊，App 是这样操作的呀"，这一点非常棒。

巧妙避开了《货物运送法》来开展业务，这一点也请各位注意。既然汽车不行，那就用摩托车或者自行车，这个想法非常有意思。

再说一下安全问题。我怎么想都觉得比起摩托车和自行车，还是汽车送餐最安全。应该出台怎样的规定呢？今后应该围绕这个话题进行讨论。不过我想说，千万不要再闹出什么奇怪的规定了。有这种想法的应该不只我自己吧。

以此类推，既然民宿不让发展，Airbnb 可以考虑提供其他服务，比如"空间出租"。

如果寺庙或地方城市的文化馆等同意把闲置空间租出去，估计会有人愿意租一块场地办活动。

"我想把研讨会的学生们召集起来，有没有什么租金便宜、空间又大的场地呢？"

"我想组织同学会，大约一百人，有没有什么推荐的好地方？"

"我在寺庙的会堂里弹吉他，有没有人愿意来听啊？"

把原本闲置的空间以便宜的价格租出去，加以利用，无论出租方还是承租方都会产生新的创意和想法，世界也会变得更加有趣。

把样板房在夜晚租出去也是个不错的想法。实际上，已经有人在晚上把样板房租给别人录制电视节目了。除此之外，样板房还有各种用途。

如果使用的目的是睡一晚，那么就是民宿；如果在租来的空间里做其他事情，那么就是单纯的空间租借，也可以说是共享空间。民宿和共享房间都是共享空间，但是还有更多空间可以共享。

为什么必须要设立"零基特区"?

已经有事例指明了在第四次工业革命时代如何制定合适的"规定"。英国金融当局提出的"Regulatory Sandbox"就是一个有趣的尝试,直译过来就是"监管沙盒"。

"使用新技术会做成什么,会有什么新型服务诞生,答案谁都不知道。所以先做做看吧。"既然人们都抱着这种想法,索性就给他们一块实验田去大胆尝试。

日本也有类似的地区,名字叫作"零基特区"。"虽然现在有各种各样的规定,但是在这片区域内可以放宽 A 规定和 B 规定",这是特区的做法。废除所有的规定,完全不设限制,这是"零基特区"的做法。

英国金融当局认为如果再这么继续下去,肯定要在第四次工业革命中,尤其是在金融科技的领域输给美国,为了提高危机感,他们开始推行"监管沙盒"的做法。新加坡也开始效仿,将全国设为"监管沙盒"。只要获得国家批准,就可以针对某一项目做任何想做的尝试。

英国和新加坡政府已经理解了:如果不设置一个可以让人大胆挑战的平台,新事物就不会诞生。就像我在前面说过的那样,现在,我们已经非常明确,第四次工业革命的五大要素是 AI、机器人、物联网、大数据、共享经济。把其中任何两大元素组合起来都会产生意想不到的新产品、新服务或者新的公共基础设施,但是谁也说不准这些新生事物到底是什么样的。正因如此,才需要放开手脚大胆做做看。

针对社会公共基础设施的网络攻击事件频发

接下来我要说的是在第四次工业革命中对规则制度做出整改的同时也不能忽略的重要问题，就是网络安全对策。

金融科技就是一个很容易理解的例子。如果信息系统的出入口增加了，那么个人和系统整体要承担的风险就会相应增加。日本在网络安全对策问题上已经非常落后了。其中最大的问题之一就是，日本国内几乎没有一个相关专家。这是一个相当致命的问题。

日本为了讨论网络安全对策的问题成立了"IT 战略本部"，我期待它发挥重要作用，但是很可惜，截至 2016 年年末，已经有一年多没开讨论会了。这种会议要讨论的是大数据的整合及相关规定的制定事宜，称得上是决定第四次工业革命的核心的会议，首相应当作为议长出席会议。可以说，如何保持 IT 战略本部的活力，也是一个重要的课题。

其实，网络安全漏洞导致的损失并不少见。网络攻击会带来社会性和物理性的破坏，这种攻击的风险正在扩大。在日本常常能听到某个公司或政府部门的系统被黑客侵入，个人信息被窃取的案件。对此，必须要认真采取对策。但是，更加重要的是针对"社会公共基础设施"施加物理破坏的案件。政府要和对公共基础设施负责的供应商联手解决这个问题。

接下来我来举几个关于网络攻击的真实案例。2003 年美国核能发电的控制系统感染病毒，陷入了大约五个小时的瘫痪状态。2008 年土耳其石油管道发生爆炸，起因是有黑客入侵了石油公司的系统，调高输油管道压力，使管道炸裂。在日本几乎找不到关于这个案件的报道。2012 年，伦敦奥运会期间，每秒大约收到一万条干扰信息。而且，有传闻说会有人攻击开幕式现场的电力系统，所以当时改成了手动切换，总算是有惊无险。2014 年德国钢厂遭受网络攻击，熔矿炉受损，起因是有黑客入侵了钢厂的控制系统，进行了一系列的恶意错误操作，导致生产设备遭到损坏。2015 年乌克兰变电站遭到网络攻击，黑客操作恶意软件，对变电站进行远程控制，导致大规模停电，数万户家庭停电三到六个小时。

组织的领导人与网络安全有直接联系吗？

需要注意的是，现在还没有一个系统可以用来共享有关网络攻击和应对的信息。要想防止网络攻击，必须要具备相应的技术，但重中之重是收集并共享相关信息。

感染病毒、非授权访问、窃取账户、篡改网页、泄露信息、发送骚扰邮件、拒绝服务（DoS 攻击）等都是"安全事故"，共享相关信息是非常重要的举措，因此，经济产业省成立了日本网络攻击信息共享机制（J-CSIP：Initiative for Cyber Security Information Sharing Partnership of Japan）。但是，只有七个行业的七十二家公司加入了这个机制。必须要扩大参与度，但是由于政府部门各自为政，范围很难扩大。

经济产业省和独立行政法人信息处理推进机构（IPA）一起，"为了风险可视化和强化安全性"，设立了"网络安全风险与企业经营研究会"，讨论公司经营和技术对策的问题。虽然这是一个积极应对的举措，但是必须早点看清政府究竟能做到哪一步，民间究竟能做到哪一步。

尤其是，2020 年东京将要举办奥运会和残奥会，如何像伦敦奥运会那样确保公共基础设施不受侵害？必须采取网络安全对策，提前做好准备，处理那些比以往规模更大的网络攻击。

更进一步说，为了准备网络安全对策，必须要培养相关技术人员。如何建立一个培养技术人员的体制呢？现在，在美国和俄罗斯有很多人在学习网络安全技术。日本也必须快点着手建立培养技术人员和专家的教育机构。

另外，在网络安全对策中，提高企业最高领导者的责任意识也非常重要。因为这个问题的根本就是企业的管理问题。不要害怕发生故障和特殊事件，因为它们必然会发生。当发生故障或事件时，要马上通告，让其他部门的人也知道这个情况。如何把损失降到最低呢？这并不单单是技术层面的问题，也是企业管理的问题。

"贵公司采取了哪些网络安全对策呢?"我问了很多家公司的社长,他们基本上都是这么回答的:"我们公司应该正在好好做。"看来社长们已经放心地把工作交给专员去做了。当然,专员很重要,但是,这些 CEO 和社长,作为公司最高领导人,必须参与公司网络安全对策的制定中,把它作为管理问题来对待,这是非常重要的。

可以通过这样的方法检验安全对策的可行性,即事先只让社长了解情况,发动虚拟的网络攻击,这个时候就可以看到公司是如何应对的。这是一个方法。有的公司会在内部进行演练。这些方法都要事先获得社长的认可和批准。

在日本,这些安全对策,基本上都处于沉睡状态。

国家的安全对策也是各自为政、七零八落

第四次工业革命给社会带来了许多便利，但同时也带来了风险。便利与风险，就像是一枚硬币的两面。

日本既没有积极地向前推动社会变革，也没有在防御对策上下功夫。日本政府拨给应对网络安全部门的经费，比美国一家金融公司的经费还低。

不可否认，日本政府在这方面的确有解决问题的想法。但是由于政府机关各自为政，根本没法发挥作用。IT 战略本部的会议已经有一年多没开了，这就是其后果之一。

日本政府负责网络安全的组织是内阁网络安全中心（NISC：National Center of Incident Readiness and Strategy for Cybersecurity），这个组织本身恪尽职守，但由于人员是从各省厅东拼西凑起来的，缺乏存在感，实在可惜。

针对网络安全问题，警察厅组织了"综合安全对策会议"，但是受到各自为政的影响，并没有和 NISC 联合起来，而是各行其是。

网络安全对策，既是国家的安全对策，也涉及安全保障问题。从这个观点来看，我认为应该由日本防卫省或国家安全保障会议（NSC）来主导该项工作。

以哪个组织为中心推进议程，这个问题固然重要，但无论谁是中心，都必须建立一个足以容纳各个组织的机构。只有这样，才能收集并管理有关安全事件的信息，使各个组织联手思考对策，实施对策。

网络安全对策，并不是各省厅各自组建一支负责的队伍、关上门来各做各的就能解决的问题。因此我认为在第四次工业革命的背景下提出这个问题，具有十分重要的意义。

现在要做的是收集世界各国的信息，了解他们采取了怎样的网络安全对策，这一点非常重要。现在日本政府内部已经开始行动了。就我目前所了解的情况，我想向大家介绍一下美国的做法。虽然美国政府也在做安全对策，但像亚马逊和谷歌这种管理海量数据的民间企业也正在完善各自的

网络安全对策。政府和民间共同肩负起保护网络安全的责任。

如前所述，北欧国家爱沙尼亚实行的是彻底的国家管理制，像它这样的小国这么做很容易，但是像美国那样的大国，很难全盘交给政府管理。日本既没有美国那么大，也没有爱沙尼亚那么小，只能制定网络安全对策。

关于网络安全，还有一点要说的是，这不是支出，而是投资。我们要拿出进攻的态度，让网络安全也成为一个有前景的行业。考虑到全世界对网络安全的巨大需求，对日本来说这里面也许蕴藏着巨大的商机。

先发制人（Proactive）与后起反抗（Reactive）

面对第四次工业革命，政府、企业、组织都应该考虑两种应对方式的平衡，一种是先发制人型，另一种是后起反抗型。先发制人的应对是一种能动的应对，后起反抗的应对是一种被动的应对。我们必须两种方式都用一用。

在新的事物不断出现时，应采取先发制人的做法，建立"监管沙盒"，去做各种试验性质的大胆尝试。前面我说过的那个英国的例子，可以用作参考。

与之相对，网络安全对策是一种后起反抗。没有网络攻击当然是最好的，不过，这只是一种幻想，实际上遭受网络攻击是不可避免的。当你遇到网络攻击，就必须要正面应对它、解决它。这是一种被动的应对。如果能把网络安全对策做到极致，也许就能将其建设成高速发展型产业，实现从"后起反抗"到"先发制人"的转变。

这句话我反反复复说了很多遍：第四次工业革命的到来与个人主观选择无关，而是一个真真实实发生在你眼前的现实问题。所以，我们要做的，就是寻找各种可能性，用战略眼光管理它带来的风险。

第 **4** 章

迫在眉睫的『工作方式改革』

"阵痛中的结构改革"复苏了德国经济

前面说过，最早从政策方面探讨第四次工业革命的是德国，这是因为德国政府为本国经济的未来担忧，尤其对制造业抱有深深的危机感。

如今德国被称为欧盟的优胜国家、欧洲经济的领跑者，但在 21 世纪的前五年，德国经济恶化，甚至被称作"欧洲病人"。当时的德国总理，就是1998 年至 2005 年在任的格哈德·施罗德（Gerhard Schröder），决定进行产业结构调整。

施罗德总理提出了《2010 议程》，内容包括改革劳动力市场、失业保险制度、国家养老金制度、国家健康保险制度，降低税率。这是一场伴随着阵痛的结构改革。

其中，为第四次工业革命打头阵的是劳动力市场改革，旨在应对 IT 技术发展所带来的变化。相较于德国，日本的发展可以说落后了十年，但对于日本而言，劳动力市场改革依旧势在必行。为迎接第四次工业革命，应当建立一种制度，将被淘汰的企业的劳动力转移到优良的企业中，促进劳动力市场的流动性。这就关系到工作方式的改革。

日本采用终身雇佣制度，即劳动者在同一个公司里长期稳定地工作，反之，如果公司不够好，也要做好长期忍受的准备。如果公司给跳槽进来的员工开出的待遇不如其他员工，就没有人会跳槽了，劳动力市场也会失去活力。企业由人构成，人不动，就意味着企业的新陈代谢缓慢。为了赋予企业活力，就必须加快企业的新陈代谢。

德国之所以能够重振经济，是因为德国政府面向第四次工业革命，积极改革劳动力市场，改革国内产业结构，做好了基础准备。但是，这些改革措施过了七八年才展现出效果。安倍晋三在执政期间放出了"安倍经济学"的三支箭，第一支箭是金融政策，第二支箭是财政政策，但是这两支箭都是需求方的政策。需求方的政策，在短期内可以看到效果。

但是，第三支箭是成长战略，也是结构改革，是企业和产业的强化。

就像马上开始运动不能让身体素质获得立竿见影的提升一样，在身体素质提升之前，肉眼可见的成果要等好几年才会显现出来。

供给方的政策要等好长一段时间才会显现效果。但是，由于第四次工业革命已经开展起来，为了早一点赶上世界的步伐，不能再说那些等待的话了，必须快速应对，尽快得出成果。尤其是，必须要解决日本企业生产率低下的问题，其中最大的原因就在于企业缺乏竞争，被政策保护得太好。民营企业尽管参与了全球竞争，但苦于管制毫不放松，陈规处处限制，他们说"如果政府不放松管制，生产率就不可能提高。政府应该放松管制，提高劳动力市场的流动性"。关于劳动力市场的流动性问题，在后面我会详述。

第四次工业革命中，新陈代谢快的经济会变强

刚刚已经说过，日本产业界的大问题是新陈代新太慢。

在日本，创业率只有美国的一半左右，倒闭率也只有美国的一半左右。如果类比成一个人，那就是细胞代谢非常缓慢。

弱小的企业衰退倒闭，员工去存活下来的、更加强大的企业工作。这样的话，弱小的企业就会减少，强大的企业就会增加，日本产业界的整体生产率就会提升。生产率提升意味着经济增长，人们的收入也会增加。对于经济增长来说，这种机制非常重要。本来就不是所有的企业的经济都会增长，而是此消彼长。让这个现象自然发展是非常重要的。尤其是，在第四次工业革命时代，企业的强弱对比更加明显，新陈代谢更快的国家和社会将发挥主要作用。

然而，日本产业界的新陈代谢极为缓慢。

在日本，有一个常用的词叫 metabo，意思是代谢症候群（metabolic syndrome），指的是肥胖或高血压等疾病。但是 metabolism 这个词本身就是新陈代谢的意思。所以，当说到"产业的 metabolism 非常重要"时，美国人就会非常理解其中的涵义。

那么，为了提高日本产业的新陈代谢，应该做什么呢？必要的处方笺有两个，分别是强化公司治理和改革劳动力市场。发展强大的部分，砍掉低劣的部分。在企业里，只有管理者才能做决策。这就是公司治理。日本企业新陈代谢很慢，举个例子，有一些公司顾问，会因为某个项目是公司创业之初就在开展的老项目而不去动它，即使这是个亏本项目也不愿把它砍掉，这种情况很常见。1991 年泡沫经济破灭后，公司依然保留着亏本业务，形成了巨大的不良债权。虽然事态逐步得到改善，但还是能看出那种倾向。一个企业中只要还存在亏本的业务，那么该企业整体的生产率就是低的。这样一来，工资不会提升，经济也不会增长。在提高企业新陈代谢的过程中，公司治理发挥着举足轻重的作用。

　　同样，就像刚才所说，如果一个管理者无法做出经营判断，或者做出了错误的经营判断，那么就必须让他辞去管理者的职位。但是在日本的企业中，经常能看到社长身边都是小弟，往往这些人就是董事，在董事会占据了众多席数，谁都不会对社长说"你不够格，快下台吧"这种话。对于社长来说，这种组织反倒让他过得非常舒服。

经济界曾经抵制引入独立外部董事

在讨论成长战略的产业竞争力的会议上，首先讨论的就是强化公司治理，代表案例就是引入独立外部董事。在日本，以前就存在外部董事，但一般是由客户公司的社长担任。说白了也是一条船上的人，算不上是独立的存在。如果外部董事对公司社长说了难听的话或者提出了严厉的建议，很有可能就会被终止合作，这些外部董事不可能开这种口。

所以，有必要引入独立外部董事。在某些国家，甚至要求董事的一半必须是独立外部董事。

当有人在产业竞争力会议上提出引入独立外部董事时，经济界的一些人反对声音很大，他们声称"日本有日本的做法"。这都是些什么理由啊！日本经济一直这么低增长下去行吗？真是没有志气的言论。反对的声音导致引入独立外部董事的工作迟迟没有进展。但顶不住舆论的压力，金融厅设立了"商定公司治理准则的有识者会议"，"有识者"中的某些经济界知名人士，是非常了不得的抵抗势力。

"公司治理准则"规定了股东的权利和董事会的职能。2015 年 6 月，"公司治理准则"作为东京证券交易所（下文略称"东证"）的有价证券上市规定的附属文件得到通过。从此，在东证上市的企业，必须设立至少两名独立外部董事。

终于，日本为了在第四次工业革命中参与竞争，整顿了法律法规，提高了新陈代谢。但是这只是迈出的第一步而已。

增强自觉努力意识的一句话是?

但是,"公司治理准则"并不是法律,顶多是督促大家自觉努力。其中有一句话值得注意——"comply or explain",也就是"不遵守就解释"。

由于是自觉努力,所以即使没有选任两名以上的独立外部董事,也不会触犯法律。但是,这种情况下必须要解释为什么没有选任两名以上的独立外部董事。"遵守在公司治理准则中确立的指导方针,如果未能遵守,请解释原因",加了这样一句话,效果立现。

要解释为什么没有遵守指导方针,是一件非常麻烦的事情。越来越多的企业,为了避免去做这个麻烦的解释,只好选择遵守指导方针。现在,在东证部分上市的企业中有 77.9% 都选任了两名以上的外部董事。根据 2016 年 6 月 17 日东证速报的数据,在东证部分上市的企业中,选任两名独立外部董事的企业占比增长到了 96.2% 。

对于日本这次的改革,国外投资家的评价非常高,这对股价动向也有了正面影响。

另外,为了提高公司治理准则的作用,将来也有必要阻止企业互相持股。互相持股,指的是 A 公司和 B 公司互相成为对方的股东,等同于 A、B 两家公司的管理者互相递送股东空白委任状。也就是说,"我不干涉你公司的事情,你也不要插手我公司的事情",相当于签订一个互不侵犯条约。这种做法削弱了公司的治理力量。在某些国家已经叫停了企业互相持股,但在日本,它依然是被认可的。互相持股的典型表现就是每年同一天、同一时间举行股东大会。的确,这一现象已经逐步得到了改善,但日本在今后必须继续强化公司治理。

旧的"人生路线图"早晚会被废弃

日本产业界的新陈代谢之所以慢，还有一个巨大的屏障就是劳动力市场。新陈代谢发生的前提是钱、人、信息能够流向对其有效利用的地方去。但是，如果劳动力市场像现在这样僵化停滞，那么劳动力就很难流动。在一个劳动力流动缓慢的社会，很难孕育出能在第四次工业革命中发挥重要作用的人才。我说过，在美国的硅谷，正因为各种各样的人在这里来来往往，硅谷才有生机和活力，才会诞生那么多第四次工业革命中的全新产业。日本的情况现在正好和硅谷相反。

那么，为什么在日本，劳动力的流动就那么难呢？不必多说，就是因为"日本型雇佣惯例"中的论资排辈工资体系和终身雇佣制度。

关于日本的雇佣惯例是何时兴起的，工商管理学界也是众说纷纭。有人说二战前就有了，但大多数学者认为二战后这种制度才得以确立。也就是说，这并不是个很古老的制度。论资排辈和终身雇佣，对于战后的日本企业，尤其是制造业来说，非常适用，关于这一点我在前面也说过。退休金制度相当于一种工资后付的制度。人们为了能在退休后拿到退休金，必须在这家公司一直做到退休。企业为了能长期留住员工，制定了退休金制度。这个制度，对员工来说的确有好处。因为企业一般都会慢慢发展壮大，年轻的时候进入这家公司，等到退休的时候，公司已经发展得很大了，退休金也能拿到很多。

换一种说法，就是把自己的工资的一部分寄存在公司里，用这部分工资为公司投资，如果公司发展得更好，那么自己在未来收到的回报就更多。比起在银行存钱，把钱存在公司反倒能拿到更多回报。

如果你了解日本型雇佣惯例的一线情况，就会发现，日本人最向往的人生路线就是，考进一所偏差值高的好大学，在大学里不需要怎么用功学习，玩玩就可以，毕业后进入一家大公司，长期在这家公司工作直到退休。按照这个路线，养老金和退休金都不会低。这就是经济上行时代日本人的

"人生路线图"。这个人生路线图，在大多数的日本人的脑子里已经根深蒂固了，即使到了现在，它还是很多人最理想的选择。所以，很少有人会跳槽去其他公司。如果自己目前就职的公司业绩下降，自己的薪水也下降了，这个时候即使跳去同行业竞争对手的公司，在新的公司里想要高升几乎是不可能的事。公司明显更偏袒那些从毕业以后就进入公司的原始员工，中途从其他公司跳过来的人，基本上不会有什么优待。

当然，现在的情况已经改变了不少。越来越多的人即使跳槽了也能发挥自己的能力，得到重用。但是，日本人的价值观和社会制度还停留在旧时代。因为社会制度不改变，所以员工为了长期在现在的公司工作，就会尽量不让公司倒闭。为此，国家也会提供补助金。这种做法拖慢了日本产业界的新陈代谢。

人人都知道必须要对退休金制度和养老金制度等进行根本上的改革，但是改革一直没有进展，经常是临时改一些不痛不痒的小规定就结束了。日本不得不面对这样一个事实，那就是现在已经到了不得不大幅度改革组织结构的时候了。而且，第四次工业革命会让经济发生前所未有的高速变化。恐怕昨天画好了人生路线图，今天就不能用了。

未来时代的三种思维模式

在麻省理工学院的媒体实验室官网上，刊登着后互联网社会的九大生存法则"THE PRINCIPLES"（https：//www.media.mit.edu/about/principles）。因为第四次工业革命会把互联网的作用发挥到极致，所以对于现在的日本来说，这些法则非常有参考价值，我从中选取了三个向大家介绍。

一个就是指南针优于地图（Compasses over Maps）。意思是比起地图，指南针更重要。地图会很快过时，变得不能用。自己要带好指南针，或者说要知道自己想做什么、自己的需求是什么，这是非常重要的。然后问自己是否有能力朝着希望的方向前进。眼前能用的人生路线图，很快就会失去价值。

第二个就是韧性优于力量（Resilience over Strength）。韧性指的是"复原能力"，力量就是强度。换句话说，比起力量，复原能力更重要。无论是多么强固的建筑，都会在海啸中被冲走。世上不存在一座永远不会倒塌的建筑，同样，也不存在一个永远不会倒闭的企业。建立一个强大的东西固然重要，但是它一定会被某种外力破坏。这个时候重要的就是遭到破坏后的复原能力。

第三个就是自学优于教育（Learning over Education）。比起别人教自己，不如主动去自学。如果手里有电脑或智能手机，就可以在网络上获取无穷无尽的知识。重要的是，使用自己的大脑和手，在实践中不断学习。

要建立这些思维模式，就必须把现存的旧的社会制度改革为符合第四次工业革命的新制度。

与时代脱节的"结构性裁员①的四个判断标准"

"不，我觉得日本型雇佣惯例非常好。大家可以放心工作，长期留在公司里，技术也可以得到传承。如果马上改变制度，我们的日子都不会好过。"

某制造型企业的高层领导说过这样的话。我非常能理解他的心情。但是，重要的是，这种制度只对你自己的公司有利，其他行业的公司也许适合更好的制度。今天的好制度到了明天还是不是好制度呢？谁也说不准。

一个企业是否应当修改人事制度，这是管理者应当判断的事。这种事情交给各公司的高层来做就可以了。但是，政府在设计社会制度的时候，必须要为这种经营决策创造合适的环境和条件。对于制造业来说，论资排辈和终身雇佣制度没什么大问题，但是对于快餐店或者便利店这些服务行业的全体员工来说，实行论资排辈和终身雇佣制度，肯定会导致经营不善。在这些主要依靠兼职员工的行业，旧制度明显行不通。

政府设计的社会制度，必须让各行各业的企业在不同时期都能灵活做出经营决策。但是，现在日本的劳动力市场依然以"传统型的工作方式是正确的"为前提，制定制度时仍在参考传统型的工作方式，其中的典型例子就是解雇权。和字面意思一样，就是解雇员工的权利。

不必多言，雇员的处境远不如雇主的有利。所以，必须要好好保护雇员，不允许企业滥用解雇权。那么，在什么情况下，企业会滥用解雇权呢？1979 年东京高级法院审理的"东洋酸素事件"依然具有参考价值。这个案件示范了"结构性裁员的四个判断标准"：

1）人员裁减的必要性：当公司陷入危机时，为了维持公司的存续，要进行人员调整；

---

① 译注：日本有三种解雇类型：普通解雇、整理解雇、惩戒解雇。这里指的是第二种。

2）为了回避解雇做出了努力：减少董事收入、征集希望提前退休的人员、停止招聘新员工、调整人员布置；

3）被裁人选的合理性：人员被选中解雇的基准兼具合理性与公平性；

4）解雇程序的规范性：对工会和劳动者做出了充分的说明，努力获得对方的理解与认同。

在经济增长的时代，这种做法没问题。但是，现在全球化的竞争越发激烈，尤其是第四次工业革命导致一些传统行业不复存在，新兴行业不断产生，将近四十年前制定的四个判断标准放到现在究竟还适用吗？当时的制度的前提是劳动力流动较少，然而现在的情况是劳动力流动性越来越强，时代不同了，制度还跟得上时代吗？

现有的正规雇佣指的是从财务的角度来看，人力成本属于固定成本。由于不能随便解雇员工，因此无论经济景气与否，人力成本都是不变的。然而固定成本越高，盈亏平衡点就越高。所以，如果稍微有一点不景气，企业就很容易陷入赤字经营。这样一来，经营者为了保住企业，为了保住自己，不得不增加不适用于结构性裁员的四个判断标准的员工，这些人就是所谓的"非正规"雇员。所以，从 20 世纪 80 年代后半期开始，非正规雇员的占比开始上升。因为不能让目前正在雇佣期限内的正式员工提出离职，所以企业不再愿意以正式员工的身份雇用新的人才，现在的企业采取的就是这样一种做法。

结构性裁员的四个判断标准，对于日本的企业来说，越来越成为一个巨大的绊脚石。

废除"跳槽必吃亏"的制度

我还想再说一遍，劳动者在雇佣关系中处于弱势，所以，必须要保护劳动者的权益。但是，企业直到破产前一刻还在保护雇员的权益，是不是保护得太过头了呢？我不怕被人误解，我就是想说，在这个世界上，受到最多保护的，就是日本企业的正式员工。

对于劳动者来说，过度保护的雇佣关系，未必是好事。

例如，一份面向上班族的问卷调查的结果显示，大家对现在的工作非常不满。根据国际社会调查项目（ISSP：International Social Survey Programme）对比多国数据后得出的结果，日本人对工作的满意度，在 32 个国家中排第28 位。也就是说，很多人即使对目前的工作不满意，也还是继续干下去。真是不幸啊。

那么，为什么即使对工作或公司心怀不满，也不肯换一份工作或换一家公司呢？答案就在于日本型雇佣惯例导致人们不敢跳槽，一旦跳槽，升职加薪就会更难，待遇会变差，得到的收入、退休金、养老金都会变少。大多数人为了一份稳定的工作，不惜忍受不喜欢的工作，这就是日本的现状。在某种意义上，这非常不健康。对现在的工作或公司不满意，为了自己开心，换一份工作或换一家公司，这才是健康的。在某种程度上，在保护雇佣关系的同时，为了实现灵活的跳槽而进行社会制度改革，就是现在安倍政府推动的劳动力市场改革。

"我想把正式员工和非正式员工这两个概念，从日本赶出去！"

——安倍首相在国会演讲中提到了这句话。对"正式员工"过度保护才导致"非正式员工"成了雇佣市场的缓冲层。安倍政府要改变这种现状，消除"正式员工"和"非正式员工"的区别。为了消除薪资差异，他提出了"同工同酬"（Equal Pay for Equal Work）的目标。如果在工作的同时还要照顾孩子，下午六点之前必须去幼儿园接孩子，那么就没办法加班。如果孩子发烧了，就必须临时请假照顾孩子。需要照顾老人的员工也面临同样的问题。企业里有各种各样的员工，出于各种各样的理由希望工作方式灵活一些的人也有很多。

为了让这些有特殊需要的员工也能正常工作，必须要导入成果主义。如果以工作成果为评价标准，那么员工完全可以根据自己的实际情况安排工作时间。如果孩子生病了，完全可以堂堂正正地请假，把当天的工作放到后面，可以加班做，也可以在周六周日做。这种灵活的工作方式，应该是非常适用于第四次工业革命的吧。

对于都市白领，本来就不存在"加班"的概念

为构建更为灵活的工作方式，人们也开始讨论导入"白领特别法案"（White-collar Exemption）。"exemption"的动词形式"exempt"，意思是"免除"。

大学教授不可能说"为了准备今天的课，我昨晚忙到凌晨，学校得付我加班费"。为什么在工厂里熬夜工作的人就有加班费，而大学教授却没有加班费呢？那是因为他们不属于同一个工种。大学教授这个工种已经不在标准劳动时间规定的对象范围内了。

在许多国家，白领与蓝领不同，白领的工作不受时间约束。通常，白领接到的指示是"在某月某日之前，请做完这项工作"，待工作完成后，上司会参照工作成果对其进行评价，支付相应的报酬。或者是，员工参加某个项目，在完成项目后，公司评价项目的成果，向员工支付相应的报酬。这就是白领的工作方式。

但在现在的日本，即使白领也是这样工作的，公司依然向他们支付加班费，这成了理所应当的事情。大学教授备课到深夜，艺术家创作到深夜，他们都没有要求加班费，为什么白领就有加班费？这挺奇怪的。在工厂工作的人，在固定的部门、固定的时间，按照指示工作，按工时计薪，当然可以获得加班费。但是，工作方式更类似于大学教授或艺术家的白领却有加班费可以领。

针对这个情况，已经开始有了讨论。把一定收入水平以上的白领，以及专业性和独立性较强的白领，从劳动时间限制中划出去，导入"白领特别法案"。但是，这样的法案被扣上了"废除加班费法案"的帽子，导致讨论的方向越来越偏。

并不是说不付白领加班费，而是白领还不理解自己的工作本来就不存在加班的概念。不，即使他们理解了，也还是有团体和个人会反对。一些媒体也喜欢煽风点火。明明和大学教授还有艺术家一样，为什么还有加班的概念？我搞不懂。

你知道"派遣"和"承包"的区别吗？

多数日本人因为自己在公司上班，就以为自己很懂劳动制度。但是，劳动制度非常复杂。虽然它很复杂，但是往往有很多人明明不怎么懂却喜欢讨论它，导致这些讨论根本没有实际价值，还常常偏离方向。例如，有人喜欢批判"派遣"制度，但是，你知道派遣员工在所有劳动者中占了多少比例吗？

答案是2%—3%，加上非正式员工，占整体的3%—4%。非正式员工大多数是兼职或者短期合同工。我怀疑那些批判派遣制度的人是不是真的在了解了这个数据之后才进行的批判？

另外，为了保障派遣员工的权利，法律也做出了完善。例如，员工 B 被派遣公司派遣至 A 公司工作。员工 B 是派遣公司的雇员，派遣公司有监督的责任，比如不可以让员工带病工作，不可以要求员工在高温环境下长时间工作等。管理责任都在雇主。但是，实际上，派遣员工 B 必须要听 A 公司的指示和命令。若 A 公司本身没有对派遣员工 B 的监督责任，很可能无法保证员工 B 的合法权益。对此，《劳动派遣法》中明确规定，接收派遣员工的 A 公司有监督责任。

即便如此，还是有人批判说，派遣员工随时都会丢掉工作。派遣员工的合同期限短，这是从一开始就写在合同里的。根据合同规定，当合同到期时，雇佣关系自动解除。当然，在合同有效期内中止合同，既违反合同规定也违反法律。现在有很多人，明明不了解这些事实，却叫嚷着"派遣制度卑鄙无耻"。实际上，面向派遣员工展开的问卷调查显示，有八到九成的派遣员工表示"更喜欢派遣的方式"。

另外，还有一种容易被混淆的方式是"承包"。"承包"不等同于"派遣"。承包公司从 A 公司拿到一部分工作，对这部分工作负责，这是承包。这种情况下，监督责任在承包公司一方。实际上，即使员工在 A 公司工作，监督责任却在不在现场的承包公司的管理人员那里。这么看来，派遣公司反倒更能保护派遣员工的权益。

多元化的工作方式是第四次工业革命的基本

我们必须改革法律结构，认可各种各样的工作方式，公平地保护多元化的工作方式。我们要维护那些希望采取多元化工作方式的劳动者的权利。

即便如此，人们还是认为只有作为正式员工的工作方式才是正确的，其他都是不对的。而且，爱讨论的人们往往不了解不同工作制度之间的区别。劳动制度改革的讨论之所以进行得很不顺利，有很大一部分原因就是不懂的人喜欢妄议。

"孩子小的时候我不想加班。孩子上了初中，为了学费我也要多工作、多赚钱。加班我也愿意，跳槽我也愿意，我就是希望退休之后能多拿点退休金和养老金。"同样的人在不同的生活状态和人生阶段中，工作方式都会发生改变。

所以，我们要为劳动者提供更多样的工作方式和雇佣方式。为了迎接第四次工业革命，这种构想必须得到认真对待。至于采用哪种工作方式，全凭个人判断。而且，企业应该灵活地选择合适的雇佣方式。国家必须要创造满足以上条件的劳动力市场。

为此，必须要明确关于解雇的规定，必须要改变"在一家公司做得越久就越能享受好的薪资制度和养老金制度"的传统现状。

另一方面，如果劳动力流动频繁，那么企业对员工的培训投资很可能就会缩水。因为把资金投在一个不知道哪天就会离职的人身上，肯定是没有收益的。所以，员工必须抱着磨炼自身能力的意识，对自己进行教育投资。

另外，第四次工业革命会持续带来全新的科技和商业。劳动者必须为此做好准备。今后，大学和专科学校等教育机构的作用会不断提升，关于这方面的教育改革的方向性，后面我会详述。

解雇赔偿金制度并不是花钱裁员

日本劳动力市场的另外一项重要改革就是解雇赔偿金的制度化。

实际上，雇主和雇员之间会发生各种各样的纠纷。当纠纷发生时，必须保证占据上风的雇主和处在弱势的雇员之间能够平等对话，找到实际有效的解决对策。为此，解雇赔偿金制度应运而生。

截至 2016 年 12 月，在经合组织成员国中，只有韩国和日本还没有建立解雇赔偿金制度，其他国家都有明确的规定。虽然日本正着手制定解雇赔偿金制度，但还是遭到了许多人的强烈反对和批判，反对的人认为这项制度"就是想花钱炒鱿鱼"。但是，制定解雇赔偿金制度的目的并不是让企业便于解雇员工。正因为现在没有这项规定，许多就职于中小企业的员工被公司裁掉，也只能打掉牙往肚子里吞。

大公司里往往会设置工会，当雇主与雇员发生纠纷时，工会会站在雇员的立场，协助解决纠纷，所以雇员的权益得到了维护。有时候也会有花钱摆平纠纷的情况，这种时候一般雇员都能拿到应得的赔偿金。但是，就那些没有工会组织，或者工会的力量非常弱小的中小企业而言，员工即使因为不合理的理由被解雇，一般也不会花钱请律师打官司，几乎就是拿着少得可怜的赔偿金，有苦说不出。

至于为什么，还不是因为没有可以直接用金钱来解决问题的规定嘛。现行法律法规无法保障中小企业雇员作为劳动者的合法权益。其他发达国家为了让处于弱势的劳动者拿到最低限度的赔偿金，制定了解雇赔偿金的制度。目前日本还没有这项制度。所以，日本快点补上吧。解雇赔偿金这一制度不是为了雇主，而是为了雇员这一弱势群体。

本书的主题是第四次工业革命，无论第四次工业革命发生与否，劳动力市场的改革和整顿都是绕不开的话题。而且，第四次工业革命带来了新的产业与服务，劳动力市场也要做出相应的灵活应对吧？

但是，民主党政权的后盾是日本劳动组合总联合会。这个组织依然固执地认为论资排辈和终身雇佣是好制度，应该尽可能让更多的人成为正式员工，享受论资排辈和终身雇佣。他们的偏见之一就体现在多次更新有固定期限的劳动合同，并规定在同一家公司工作五年就可以签无固定期限的劳动合同，成为正式员工。

对那些不希望增加正式员工数量的公司来说，他们会利用这个规定，当员工在公司做满四年或四年半的时候就提前和员工终止雇佣关系，不再续签。这个向无固定期限劳动合同转换的劳动合同修订法在 2013 年 4 月 1 日生效，所以我担心在 2017 年到 2018 年这段时间，很可能会发生多起不续签合同的情况，引发劳动力市场的大混乱。

我再举一个例子。有一种工作方式叫作"日结派遣"，这种日结工仅限于一定收入以上的人群。为什么呢？如果让收入没有达到标准的人做日结派遣工，就相当于在压榨低收入人群。这个规定颁布以来，出现过很有意思的事情。在选举期间，电视台会组织出口调查①。调查员会在投票场所外面拦住从里面出来的人，问他们"你把票投给了谁"，但这种调查员往往都是日结派遣工。投票日只有一天，算上前面准备的时间差不多总共有两天，所以雇一些日结工来做调查员是最合适的。

这些调查员是日结派遣工，收入必须在一定标准之上。但是，周边城市的收入水平要比东京之类的大城市低一些，想在周边城市雇日结工，几乎找不到合适的对象，所以只能在东京等大城市雇日结工，再把他们派到小城市去工作一两天。

为了不榨取穷人的利益，日结派遣工的收入必须要在一定水平之上，而因为定下了这样的标准，周边城市的工作机会被大城市夺走了。就是因为以前制定的规矩太奇怪了，才会在现实中发生这种仿佛在漫画里才会有的事情。

---

① 译注：在投票场所的出口处调查选民的投票结果，故称"出口调查"。

硅谷独特的超灵活工作方式

重要的是，在认可多种工作方式和雇佣方式的基础上，消除各个制度之间的不平等与不均衡。如果立于"只有一种工作方式才是正确的"这一基础上制定规则的话，在未来就很难出现各种各样新的雇佣方式。没有新的雇佣方式，意味着企业无法雇到有才能、有潜力的人。这是关乎一个企业的存活的大问题，即便从劳动者的角度来看，也是错失了好机会。

有一个概念叫"自由雇佣"（at-will employment），意思就是雇主和雇员都可以按照自己的喜好开始或终止雇佣关系。例如，在硅谷，企业根据项目，开高价雇人。如果项目失败了，这时候就可以让参与项目的人员走人。雇员一方也是，因为一开始谈雇佣关系时就认可了这种形式，所以也不涉及法律纠纷。

另外，如果员工被其他公司邀请去从事比现在的项目更有吸引力的工作，必须事先获得现东家的同意。雇员也可以根据自己的意志选择去留。

在第四次工业革命中起到牵头作用的硅谷，对在双方合意的基础上建立雇佣关系这种现象司空见惯。这种工作方式和雇佣方式虽然只适用于业务能力相当强的人，但也称得上是史上最灵活的工作方式了。

同工同酬，从霞关开始

从改善劳动力不平等、不均衡的角度考虑问题时，不要忘了还有一个重要的主题，那就是"同工同酬"。

现在，荷兰已经实现了同工同酬。无论是正式员工还是非正式员工，只要从事同样的工作就会得到同样的报酬。想从事长期工作的人可以选择长工，想要短期工作的人可以选择短工。哪怕是短工，也可以参加国家养老保险，当然，养老保险的保额可能会相应低一点。

我认为，不妨把东京霞关作为特区，参照荷兰的模式试一下。既然日本政府也在推进同工同酬，那么不如先从自己的雇员试起。在考虑国家或地方公务员的工作内容时要注意，民间能做的工作就没必要让公职人员来做了。能民营化就尽量民营化，这是大原则。但是，并不能把所有工作都民营化。对于那些无法民营化的工作，应该建设好同工同酬制度。

在政府内部，有着各种各样的雇员。同样是正式员工，其中却包含通过了国家高级公务员考试的公务员和普通公务员，还有从地方和民间机构调派来的公务员。可以说在霞关，公务员的类型多种多样，应根据实际工作的难易程度来决定他们的薪资待遇。正式员工和非正式员工的工作内容通常是一样的。

实际上，一些地方已经有一部分公务员开始实施同工同酬了，比如大阪市。当时的大阪市调低了幼儿园保育师正式员工的薪资，提高了幼儿园保育师非正式员工的薪资，以同工同酬为目标，改革了幼儿园保育师制度。此前，幼儿园保育师正式员工的年薪达到了700万日元，而非正式员工的年薪只有前者的一半，即350万日元。改革后实现了同工同酬。

工资这种东西，本身就是由生产率决定的。生产率提高，薪资就会涨；生产率下降，薪资就会降。同工同酬指的就是，如果生产率相同，报酬也应该相同。

　　有人抱怨"我都加班了，那么努力也没涨薪"，也许是因为自己单位时间的生产率并没有提高。如果真是这样，那就怨不得别人了。

　　同工同酬提高了一直以来待遇很低的非正式员工的收入，受到广泛关注，但是也导致一直以来享受各种优待的正式员工的收入降低了。这种不合时宜的做法，没有人跳出来反对还好，万一激起群愤，就没那么容易糊弄过去了。

　　无论怎么做，劳动回报就是薪水。只要有劳动回报，那么生产率提高，薪水就会提高。政府和企业都应该遵守这个基本原则，重新建构合理妥当的薪资体系。

为什么要参考欧洲改革劳动力市场？

我想，可能有人会认为，日本要改革劳动力市场，不应该参考荷兰的同工同酬或是德国的劳动力市场改革等欧洲国家的做法，而是应该参考在第四次工业革命中遥遥领先的美国的做法才对。

在这里，我给出两个理由，来解释为什么日本应该参照欧洲的做法。首先，欧洲各国和日本一样，制定了复杂的、与劳动相关的法律法规。正因为法律法规太多，所以需要改革，这是日本和欧洲国家的共通点。然而，美国在这方面却采用了截然不同的做法，美国这个"自由国度"并没有对劳动关系做出太多规定和限制。所以，即使想参考美国的做法，也没法参考，因为背景差得太多，没有参考价值。这就是第二个理由。

在欧洲各国的劳动力市场中，法律规范非常多。例如，一个剧场想要上什么节目，那么剧场的管理人员就要去和工会商量；如果需要用到照明人员，就要跟照明人员所属的工会商量；如果要用到音响设备，就要跟音响设备人员所属的工会商量。在这些国家，维护劳动者权益的意识非常高，保护组织也建立得非常完善。

所以，欧洲国家和日本一样，甚至比起日本更有必要改革劳动力市场。在这种情况下，荷兰实现了同工同酬，具有划时代的重要意义。

不能再装作看不见日本的"人手不足"问题了

还有一个关于劳动力的重要课题，不用说也知道，就是"人手不足"。

有人说，第四次工业革命导致 AI 和机器人剥夺了人类的工作机会。但是，机器人并不能胜任人类的全部工作。而且，在日本，发生这种事情的概率要比其他国家低一些。现在，日本正面临劳动力不足的问题，而且今后会加剧。在思考其他问题的时候不能忘了这个大前提。

日本的劳动力人口（15 岁以上、65 岁以下人口）数量在 2050 年预计会减少约 2 000 万。现在，作为劳动力的日本人只有 6 000 万多一点，其中从事第三产业的人口约为 4 000 万。从其中减掉 2 000 万，意味着从事第三产业的人口将减半。

另一方面，还有一个问题是，如何确保从事第一产业，也就是农业渔业的人口的数量。此外，个别职业（如护工等）已经开始出现人手不足的问题了。我认为有必要在这些领域接收来自外国的劳动力，借用他们的力量，这是非常现实的做法。

现在的技能实习生制度，是从支援技术转移的政府开发援助（ODA）的角度来接收外国劳动力。实际上，这完全是为了缓解日本国内劳动力不足的问题，只是表面上看起来是传授给外国人技术罢了。这其实是一种糊弄人的做法，是掩人耳目，是一种构想，不是真的。日本要做的是直面本国劳动力不足的问题。

现在日本政府正在接受外籍劳工，建立特区，进行外籍劳工支援家务劳动的实验。实际上，神奈川县和大阪府已经开始接受外籍劳工了。如果有外籍劳工来帮忙做家务，那么就会有更多母亲投身工作。这样一来，虽然劳动人口没有增加，但是就业人口增加了。建立特区的目的就在于此。今后，特区能扩大到多大的范围呢？可以说这是个重要的决策。

制定移民法，正式接收外国劳动力吧

一提到通过移民政策接收外国劳动力，日本国民就会有抵触情绪。但是，现在日本全国每年大约减少 20 万人口。首都圈每年会从外部接收大约12 万人口，意味着地方城市每年减少大约 32 万人口。32 万人口，相当于一个中型城市的规模。在人口减少的同时，地方城市的劳动人口也在减少。即便如此，政府也没有提供有效的解决对策。我认为，日本离认真考虑制定移民政策的那一天不远了。

首先要做的是整顿现有规定。日本应该制定移民法。德国制定了移民法，认真准备之后，接收了移民。韩国也制定了移民法。日本的动作实在是太慢了。只要用到"移民"这个词，就会招来许多日本人的反对，但是移民法是对移民做出各种规定和限制，同时也是取缔非法移民的法律依据。现在，日本还没有一个关于取缔非法移民的法令。而且，移民法中明确规定不可以无条件接收移民，所以，必须要制定一个接收条件非常清晰的移民法才可以。

就像解雇赔偿金制度一样，如果没有移民法，非法移民问题就会越来越严重。

在讨论外国劳动力的问题时，有些人认为应当优先接纳高级人才，但我认为有必要同时接纳高级人才和普通劳动力。今后人手不足的问题越发严重，日本人里甘愿从事纯粹的体力劳动的人会越来越少。

说到接收外国劳动力，我认为要尽可能地制定严格的规定，这不仅是为了维护日本的治安，更是为了保护受到影响的某些行业和既得利益团体的权益。我还是那句话，在接收外国劳动力的时候，必须非常非常慎重。但这种旨在维护行业秩序的慎重，到头来并不能解决人手不足的问题。要用不会受到任何一方的偏见与批判的形式来制定移民法，运用时也要格外严格仔细。

日本在历史上也接收过外来移民

在这之前，日本接收过来自中国、韩国等地的外国人，绝对不是一个与移民无关的国家。二战后，职业摔跤手力道山就来自朝鲜半岛，职业棒球手王贞治的父亲来自中国台湾。这些移民为日本的文化和体育事业添砖加瓦，成为日本老百姓心中的偶像。

其实，赤穗浪人中也有一名来自中国。1603 年江户幕府成立，虽然采取了锁国政策，但是在这之前有不少中国人踏上了日本的土地。江户锁国后，进入鼎盛时期，鼎盛时期的象征就是元禄年间的"赤穗四十七浪人复仇事件"，也就是"忠臣藏事件"。这四十七名浪人中有一名浪人的祖父就来自中国。他来到日本后，被日本人同化，参加了具有日本特色的"忠臣藏事件"。

太平洋和印度洋之所以被称为"洋"，是因为太大太远，难以横渡。但是，"海"就小了很多，可以渡海。中间隔着海，说明陆地之间的距离并不远。人们可以在"海"上来往交流。日本的周边有鄂霍次克海、日本海、中国东海、中国南海等，海非常多。这些海域在古代都是商业交易和民间交流频繁的区域，日本就在这些海的另一头。

日本在古代就成为亚洲各国主要的贸易伙伴，很多外国人登上了日本的土地。在思考移民问题时，一定要带着这种回忆去思考，感觉会很不一样。

现在，主要是美国在接收来自亚洲的移民，尤其是美国的硅谷。那里聚集了来自各个国家和地区的各色人才，充满了活力。日本应当抓住第四次工业革命的机会，回忆历史上的做法，立志在日本国内某处也建立起一个不输硅谷的"亚洲人才聚集地"。

正因为大学是"自治的"，所以什么都决定不了

以上这些为了第四次工业革命而进行的劳动力市场改革和为不同的劳动者提供不同工作方式的举措，如果真能实现，那么企业的教育投资很有可能会降低。在很可能明天就离职的员工身上投入培训费用，肯定是得不到任何收益的。每个企业都要考虑现实问题。

今后，个人不得不对自己进行教育投资，在大学或其他培训机构学习自己必须掌握的知识和技术。但是，在全日本，有几所大学有能力培养全世界通用的数字领域专业人才呢？

日本的大学建立在自治（autonomy）的基础之上。二战期间，学问的自由被军部强行夺走，"自治"也就是指每位教员、每个人都依靠自己的判断处理自己的事务。"自治"这个词听起来还不错，但对于一个组织来说，它并不意味着正确的管理模式。

一个企业，由企业这个组织的责任人，也就是社长或 CEO 来掌握决定权、发挥他们的领导能力。在公益法人组织里，理事长掌握决定权。但是在日本的大学里，每个教员的判断都会得到重视。具体来说，各个系的教授会议的权限非常大。结果就是，如果是对自己不利的事情，就投反对票，这种风气非常盛行。我第一次出席大学的教授会议时就感受到"这个会议上的所有人都有否决权啊"。只要有一个人说"我反对"，那么议案就得不到通过。

一个组织的正确管理方式是在多数人同意的基础上等待最高领导的决定。但是，在大学里，最高领导没有这个权力。法律结构总算有些变化了，管理的方向也有些变化了，但是要想让它们在根本上发生变化，并不是一件简单的事。某大学校长曾说过："当我想做一件新的事情的时候，因为各个系的教授会议都有决定权，所以被拒绝了也没有别的办法。虽说自己是个校长，但是既没有权限也没有权力。"但是也有例外，比如当年拒绝了文部科学省补助金的私立大学。不过这样的例子很稀有。

而且，大学也和企业一样，实行终身雇佣和论资排辈制，所以无法简单地解雇职员。举个例子，这几年比较有名的秋田的公立大学法人国际教养大学，进行了诸如"全英文小班授课""九月开学制度"等各种各样先进的尝试，吸引了外界的关注，很受学生欢迎，同时也是一座高偏差值的大学。尽管它有一半的教员都来自国外，但也还是引来了劳动争议，就因为学校要让能力不足的教员辞职。由此可见，想在日本的大学改革管理模式，是非常难的事情。

把补助金变成竞争用的研究资金

教育,是公共财产(Public Good)。所以,国家有必要准备一定的教育预算。

人们常说,在这个国家,即便自己能读书写字计算,但是如果大多数人做不到,那也是一个大麻烦。即使制定了法律,如果没有人去研读它,就不会有人去遵守它。所以,只有当身边的人在一定程度上掌握了一般的知识和计算能力,人们才能放心地生活。所以,教育属于公共财产。但是,越是接受了高等教育的人,越是把教育当成"私人财产"。

举个例子,哈佛商学院的教育致力于提高企业的管理水平,可能会因此造福国家。但是,大多数去哈佛商学院学习的人,比起提高国家的竞争力,更加看重提高自己的收入。对于这种教育,国家应该把参与程度降到最低,比较好的做法是重视市场竞争的机制。

那么,研究开发又是什么情况呢?当企业不确定给研究开发投资的这笔资金能否收回来时,一般都不愿意去冒险。如果对自己公司有利就会投资,如果不确定是否有利就不会投资。但是,其中有些是对社会有益的项目。对此,国家应该出一笔研究经费。但是,即使是研究经费,也要遵循竞争原则,这种资金叫作竞争型研究资金。

在这之前,文部科学省的公务员在向大学分配补助金时通常采用"给东京大学多少钱,就给京都大学多少钱"的做法。现在这种做法变了。按照各个研究项目,大学要提出拨款申请书,由专家来判断各个项目的重要性。对重要度高的项目就会持续拨出研究经费。这就是竞争型研究经费。

现在,国家对于各个大学,会拨出名为运营交付金的补助金。政府不如把这些经费全部用在竞争型研究上。这也能够推动"东大民营化"。国家出钱,但是并不是因为对方是东大而出钱,而是因为"是个不错的项目,我们会提供经费"。这样分配竞争型研究经费时,依靠国家补助金的运营模式被打破，实质上变成了民营化。

另外，一直以来，日本的大学里，教员或研究员拿到的研究经费里面，并没有包含人事费。即使研究经费中涵盖了旅费和书本费，个人也无法得到报酬。今后，导入竞争型研究经费之后，研究的中心，也就是"人"的费用可以从其中获取。主宰着"优秀项目"的研究人员理应获得相应的报酬，必须要为他们提供一个可以专心搞研究的环境。

大学教师只拿九个月的工资就可以了

在大学里，竞争是个很刺激的话题。在 2015 年 1 月的达沃斯论坛上，我们在原日本文部科学大臣下村博文的带领下，参与了一个研讨会，来自世界主要大学的校长汇聚一堂。其中一名来自中国的一所建立不久的商学院的校长说了这样一番话：

"在我们学校，包括校长、教员在内，所有人签的都是五年合同。"

说到为什么是五年，他说，每过五年，教育的需求就会改变。根据情况，授课语言可能也会发生改变，许多东西都有必要进行更新。所以，包括校长和教授在内的所有员工，签的都是五年合同。在这所中国的商学院里，五年更新一次教员队伍是其保持竞争力的明确战略。如果一所大学里全都是享受终身雇佣、悠闲自在地上课的教师，那么它肯定丧失了竞争力。

另一方面，美国大学的教师只拿九个月的薪水。在三个月的暑假期间去别处赚钱的人非常多。我有个朋友是哈佛大学的教授，每年他都会被意大利的中央银行聘去做研究员，待遇丰厚，也做出了很棒的研究成果。如果得不到这么好的聘用机会，哪怕找个补习班做做兼职也是不错的选择。美国的大学已经导入了这种形式的竞争机制。而在日本的大学里，估计只有我才会觉得只给教师发九个月的工资就足够了。

美国大学的老师即使在大学这座象牙塔之外也能有非常亮眼的表现。美国著名经济学家劳伦斯·萨默斯（Lawrence Summers）起先在哈佛大学担任教授，之后进入美国财政部，担任财政部长，后来回到哈佛大学，出任校长。在日本，像这样经历过政治或经济决策的第一现场后再回到大学里的，包括我在内，估计寥寥无几。就在几年前，国立大学的教授甚至不能兼任公司董事。

只有实际经历过政治或经济现场的人，才能教给学生什么是他们未来工作中不可缺少的知识和技术。不同专业情况不同，但是就实践型的专业而言，靠那些得益于终身雇佣制、长期躲在象牙塔里的教师，很难培养出"未来的人才"。

世界顶尖大学全部是私立大学

在本章的最后，我想从投资大学运营的角度来展开思考。

现在，世界上排名靠前的大学中已经没有公立大学了。美国的哈佛大学、斯坦福大学，英国的剑桥大学、牛津大学，都是私立大学，不是国立大学。英国教育杂志《泰晤士高等教育》（*Times Higher Education*，简称 *THE*）每年都会发表世界大学排名，前十名里没有一所是国立大学。

东京大学和京都大学这些日本主要的国立大学应该尽快实现民营化，筹措更多捐款。日本现在排名靠前的私立大学也一样。不仅是哈佛大学，世界上大多数大学都是靠捐款运营的，这话一点都不夸张。美国排名靠前的大学的收入当中，只有不到一成来自学费。它们是依靠捐款以及运用这些捐款所获得的投资收益来运营的。

相比之下，日本大学中，只有寥寥几所大学的学费收入占总收入的一半以下。除庆应义塾大学和国际基督教大学等学校的学费收入占一半外，其他全部都是占一半以上。日本的捐款制度是基本问题。如果想提供高等教育或研究，那么在成熟的市民社会里建立捐款制度就极其重要。关于文化与艺术也是如此。在这一方面，法国做得非常好。

法国作为文化大国，政府为艺术设立了相当多的预算。在主要国家当中，法国的这一项预算金额格外高，人均文化预算金额是日本的十倍左右。韩国的人均文化预算金额是日本的五倍。这些经费用于制作独特的韩国电影，培养艺人，比如 KARA 这种红遍亚洲的偶像组合。

另一方面，还有国家比日本在文化上的预算还要低，那就是美国。美国依靠的是完善的捐款扣除制度，由民间向文化事业捐钱。

换句话说，要么是国家出钱，要么是民间出钱。由国家出钱的典型是法国，由民间出钱的典型是美国。日本两个都不属于。我认为，国家的作用固然重要，但像美国这样基本上默认由民间捐款的方式更好一些。那是因为，评价什么是优秀的文化，本来就是公务员做不到的事情。判断文化的好坏，比判断向哪个先进技术投资还要难。

日本政府向传统艺能出资，却不肯向重金属摇滚出资。谁也说不准，也许一百年后重金属摇滚就成了音乐的中心了。英国政府也没有向披头士乐队（The Beatles）出资。披头士乐队由来自英国港口城市利物浦的四个桀骜不驯的年轻人组成，被人们称为"利物浦之声"。"英国的土地上诞生了许多新事物，在深厚的文化积累上，诞生了民主主义，也掀起了工业革命。但是从 20 世纪开始，英国文化的产物就只有披头士乐队了。"这是曾任英国首相的托尼·布莱尔（Tony Blair）在致力于推出复兴英国的政策时说的话。

就像我前面说的，硅谷不是由美国政府建立的，而是自然建成的。国家要做的，不外乎充实大学制度和捐款制度。大学应基本上依靠接受捐款来运营。在大学里学习的人开始创业，把公司打造成世界级的企业，于是就有了硅谷。

第 5 章

针对第四次工业革命和日本经济强化的四个建议

小松的智能施工 (Smart Construction)

写到这里，我已经围绕着第四次工业革命选取了各种观点进行陈述。有句话我已经反复说过很多遍了：对于第四次工业革命，你肯不肯接受它都不重要，因为这不是一道选择题，而是摆在眼前的既定事实。

首先，一定要对当今时代有一个正确的认识。然后，面对社会的重大改变，我们也必须参照现实情况改变自己。这种心理准备非常重要。

现在的日本，正站在第四次工业革命的入口，似乎已经落后于美国、德国等世界主要国家了。但是从企业的角度来看，日本国内的确有引领世界的实例，接下来我就向大家介绍几个。

比如，大型工程机械公司小松（Komatsu）通过向施工现场导入信息与通信技术（ICT），实现了智能施工（Smart Construction）。在施工现场，使用无人机进行测量。无人机在空中测量，比起传统做法，这种测量的精确度更高。在施工开始前准确掌握现场的土壤质地与土地规模，有助于制定效率更高的施工计划，可以大幅缩短工期。

小松公司使用无人机或 3D 扫描仪，以及安装在建设机械上的摄像头或传感器收集现场数据，在此基础上把二维的效果图立体化。把从现场采集到的二维数据和效果图中的三维数据进行对比，就知道该从哪里挖土、向哪里堆土了，一目了然。在挖掘机或推土机等建机上导入 ICT 后，就能形成自动控制模式，即使是经验尚浅的操作人员也能完成困难的工作。

施工现场也面临着人手不足的问题。老师傅们年纪越来越大。为了缓解劳动力不足的情况，小松公司进行了智能施工。另外，小松公司还积极让更多人看到智能施工的样子，让人们亲身体验智能施工，在全日本的 10 所小松物联网中心开设了示范教学的参观项目。

无人机是第四次工业革命的构成要素之一，也就是机器人的一种。而且，运用物联网，可以把所有的建机连接起来，把熟练工的操作技术录进大数据，通过 AI 完成自动控制。

大和运输的目标是高速公路上的卡车编组自动驾驶

人手不足的问题不仅限于施工现场，物流公司的驾驶员也越来越少。根据大和运输公司的预测，日本的物流行业到了 2020 年会有大约 10 万人的缺口。对于大和运输公司来说，驾驶员不足是一个迫在眉睫的问题。

为了缓解驾驶员不足的情况，大和运输公司正在努力开发研究自动驾驶技术。虽说是自动驾驶，但并不是谷歌或特斯拉那样的全自动驾驶技术。大和运输公司正在开发的是高速公路上的卡车编组自动驾驶技术，即在第一台有人驾驶的卡车身后，紧跟着的第二台和第三台卡车是自动驾驶。由于驾驶环境仅限高速公路，而且最前面的一台卡车里有人驾驶，所以比起彻底的无人驾驶，卡车编组自动驾驶可能会实现得更快。大和运输公司在 2017 年开始路测，快的话估计在 2022 年就可以正式投入使用了。

关于自动驾驶，日本互联网企业 DeNA 公司也贡献了一份力量。在小城市里，不可或缺的交通基础设施就是出租车和公交车了。为了解决这些车辆的驾驶员人手不足的问题，以及亏损线路的运营问题，他们面向当地的交通行业人员，活用无人驾驶汽车，提供客运和货运服务。2017 年 1 月，DeNA 携手日产汽车公司，宣布在 2017 年内共同开始进行无人驾驶汽车的实证试验。

如此看来，自动驾驶不仅是一个可以实现的梦想，还能够解决驾驶员不足和小城市交通车辆不足的问题。

另外，在 2015 年，死于交通事故的人中 65 岁以上的人占 54.6%，超过了半数。我们经常能听到老年人在马路上开车逆行，或者因搞不清油门和刹车而冲进了店里的新闻。有必要认真思考一下：老年人驾驶和自动驾驶，哪种更危险呢？

顺便说一句，日本国内自动驾驶的路测会安排驾驶员坐在驾驶座，万一出现问题，可以由驾驶员进行人为操作。目前，车内无人的自动驾驶试验是否可行还在讨论中。在美国加州和北欧国家芬兰，如果车辆可以实现远程操控，就可以在车内无人的状态下进行自动驾驶试验。

　　近来，在日常商品的研发过程中也经常使用 AI、机器人、IoT 等最新科技。总部设立在福井市的 SEIREN 公司（在东京和福井均设有总部），曾经是一家主营纤维染色加工的公司，现在他们通过运用信息技术，将业务范围扩大至车辆资材、电子元件、环境与生活资材、医疗等方面。

　　其中，有一款叫作 Viscotecs 的系统，类似于虚拟人偶换装。用户可以根据自己的喜好自由变换衣服的颜色、尺寸、图案、设计，最终系统会按照用户选好的颜色、尺寸、设计来制作出一件真正的衣服，供用户购买。除了衣服，还可以对玻璃、陶瓷、木头、塑料等材质的物品进行表面喷墨，有 1 677 万种颜色可选，还可以做出凹凸效果。

　　通过结合运用 AI、机器人、IoT、大数据等技术，可以实现一款定制产品的大批量生产，搭建起一个从商品企划到生产、销售一条龙的数字生产系统。

建议1：打造维护大数据的控制塔

读完了上一节，我们会发现日本的企业在世界上还是有领先的技术和商业模式的。但从整体来看，日本已经远远落后于世界主要国家了。因为它不像美国，有独自发展壮大的超大型 IT 企业，也不像德国和爱沙尼亚那样，有国家牵头的企业。

基于日本的现状，我想概括本书的内容，提出四点建议。

第一个建议就是，打造一个能够维护大数据的控制塔。

本书列举了五个第四次工业革命的构成要素，分别是 AI、机器人、IoT、大数据、共享经济，其中最重要的就是大数据。原因就是，大数据是 AI、机器人、IoT、共享经济的基础。我认为，当务之急就是讨论如何维护大数据，尽快建立控制塔，建立管理组织。

2016 年 12 月，日本确立了《官民数据活用推进基本法》，其具体内容将在日后得到讨论，逐步巩固。日本将新设一个主导组织"官民数据活用推进战略会议"，以其为控制塔，尽快着手维护"日本式"的大数据。

根据联邦政府下达的指示，美国在 2012 年确立了有关开放数据（Open Data）的战略方针，开始维护大数据。

英国也一样。2012 年制定了数据开放原则，设立推动数据开放的"开放数据用户小组"（Open Data User Group），有效期为 3 年，2015 年之后自动过期。顺便解释一下，所谓开放数据，指的是国家或地方公共团体公开其掌握的公共数据，以及被公开的数据本身。

我已经说过了，在美国，由亚马逊或谷歌这样的超大型 IT 公司保存、管理海量数据并进行维护。在其他国家，比如人口只有大约 130 万的爱沙尼亚，由国家进行大数据的管理和维护。

那么日本应该怎样做呢？日本人口是爱沙尼亚的 100 倍左右。全国的大数据都由政府独自管理，这从物理上来说是不可能的。而且，日本没有像亚马逊或谷歌这样的超大型 IT 公司，所以也不可能像美国那样完全由民间主导大数据管理。

英国式的"政府、民间携手推动大数据的管理与维护"

其实日本可以参考英国的做法。英国采用的是政府与民间一起商议并决定整备方针的形式。在这种时候，重要的是搞清楚"哪些大数据才是必要的"，也就是"需求"，即大数据的使用"目的"。

数据本身存在于国家和行政县、市等地方自治区域，或者各企业和非营利组织之中。在日本国内，各种地方都有着庞大的数据。对此，重要的是要明确"这些数据是出于什么需求或为了什么目的而存在的"，然后在此基础上进行管理和维护。

例如，为实现汽车自动驾驶的必要数据，为了医疗高度化发展而整理的大数据，都是有指向性地收集。只依靠行政机构来判断目的的话往往会发生失误。我认为更好的做法是，让那些更熟悉现场、更了解性价比的民间机构来辅助站在更高视角的行政机关。

另外，维护大数据的"官民数据活用推进战略会议"的领袖，也就是控制塔中的指挥官，应当由能够认识到第四次工业革命的整体战略性意义、高瞻远瞩的民间人物担任，他作为整体的设计师，地位举足轻重。从宏观视角出发，集合对各方面都熟悉的行政或民间专家与实业家，这是我推荐的做法。

另外，我想说一说日本的开放数据。在日本国内，无论是国家还是地方自治体，所掌握的信息还有很多是未公开的。例如，虽然公开了地图的数据，但是没有公开关于地下构造的数据。所以才有福冈市博多车站前地面坍塌等事故的发生。

为了就第四次工业革命提早做好准备，国家和地方自治团体有必要对管理和掌握的数据进行"公共数据按原则公开"的处理，有必要在此前提下决定大数据的使用目的并进行维护。

另一方面，首先，企业应当通过各自的力量对自己掌握的数据进行维护与管理。今后，有可能会出现"数据银行"这种机构，"如果你把公司管理的数据存在这个银行里，你就可以使用其他的数据了"。

在数据的管理上，如何保护个人信息是关键。所以，在维护大数据的同时，有可能会发展出"针对个人信息泄露的保险制度"。问题即机遇，这样一来新的商业领域就会不断扩大。个人信息中，有关健康和医疗的信息的保密等级更高，因此代理机构在维护大数据时，用适合个人、企业或医院的系统会更好。

在这些基础上，有必要建立一个用来维护大数据的控制塔。

建议2：建立回流教育凭证制度

我的第二个建议就是为了培养网络安全的人才，应当建立回流教育凭证制度。所谓回流教育，指的是再教育、职场人员教育。凭证就是像餐券那样，只要带在身上，无论去哪里都可以接受"教育"。

支撑 21 世纪人类发展的核心技术是"CAMBRICS"。CAMBRICS 一词由"Cloud Computing"（云计算）、"AI"（人工智能）、"Mobility"（移动）、"Big Data"（大数据）、"Robotics"（机器人学）、"IoT"（物联网）、"Cyber Security"（网络安全）的首字母组成。

其中，与所有技术相关联的最重要的技术就是我在第三章里介绍过的"Cyber Security"（网络安全）。根据经济产业省的推算，目前在日本，"网络安全人才"只有大约 28 万人，还是有大约 13 万人的缺口，到了 2020 年缺口将会达到 20 万人。另外，包含高级 IT 人才在内，预计未来将会有最多 37 万人的 IT 人才缺口。IT 领域也面临人手不足和劳动力不足的问题。

在短期内很难迅速培养出信息技术人才，因为这是一个技术含量很高的职业。例如，可以以从大学工科专业毕业、已经有了工科基础知识的人为对象进行再教育。比起从头培养一个毫无基础知识的人，这样做能够更快培养出一个掌握高阶技术的信息安全专业人才。另外，也有出身工科专业、目前正在从事其他职业的人，要想让他们学习信息安全技术，必须给他们一定的激励与诱导。因此要采用的对策就是提供免费或者低价的教育，也就是建立凭证制度。

应该让这种回流教育凭证制度顺利推动下去。除了网络信息安全人才，还要扩大培养范围，让 AI 或数字技术人才也能受益。这一举措可以缓解国家人才不足的问题。同时，接受回流教育，掌握更高、更专业的技术的人也会得到越来越高的薪酬。富裕之后，他们就会更加积极地消费，这样有利于提高国家整体的经济活力。

目前，为了培养相关人才，在东京霞关，已经有很多相关团体开始举办相关讲座了。但是这次，我希望政府能够为了实现民间主导而建立凭证制度。可以说这是更好的宏观经济政策。

另外，可以由来自海外的人才担任信息安全教育的讲师，尽管在日本国内也隐藏着许多人才，但就像我说过的那样，在日本的大学教师队伍中，教授传统机械学的人占据了主要职位，而面向那些研究数字技术并且立志成为教师的人的职位却并不多。如果这种制度顺利推进下去，就等于为这些人提供了更多的教育和研究机会。

凭证制度的经济来源为何？我认为应当发行"建设国债"。安倍政府提出以"面向未来的投资"为政策的中心，但是培养人才才是投资未来的本质。恰逢 GPD 统计的修订，研究开发投资（并非中间投资）被定为最高需求。即使回流教育这样的软投资成为建设国债的对象，也没有什么不可思议的。根据原英史先生（政策工房）的推算，由于教育带来的收入上升，税收也会增加，保守估计，建设国债的投资在九年左右可以回收。比起公共事业，这明显是一个更有效率的投资。

另外，关于网络安全还有一个重要的问题，那就是建立一个受到网络攻击时可以共享的信息组织。一旦受到攻击，就在社会上共享信息，以便其他公司或组织尽快采取防备措施，把社会整体遭受的损失降至最低。目前已经有好几个国家设立了类似的组织，当发生类似事件时，这个组织有义务直接向当局报告。但是在日本，由于行政机关各自为政，这种体制还很不完善，相应的法律义务也没有得到确立。

在 2020 年日本奥运会和残奥会期间，日本有可能会面临大规模、有组织的网络攻击。2012 年伦敦奥运会期间已经发生过这种事情了。日本必须把网络安全对策视为第四次工业革命的核心问题。

建议3： 建立金融科技与自动驾驶的监管沙盒

第三个建议是，建立以金融科技与自动驾驶为对象的监管沙盒。

我在第三章里已经介绍过了，监管沙盒最初在英国试行，之后被引进新加坡。监管沙盒解除了所有政策限制，是一个安全独立的虚拟空间。在这个安全空间内，允许小的失败发生，可以说它是一个允许试错的空间，或者说是一个允许边走边思考的空间。

我认为，不如先在金融科技领域导入监管沙盒。

人们都说，日本在金融科技方面已经落后于世界了，现金流通量与名义 GDP 的比率明确证明了这一点。日本 1990 年的这一比率约为 10%，在 2015 年超过了 20%。在欧元圈，大约是 10%。现在，由于金融科技的发展，全世界都在朝着无现金化前进，但只有日本的现金流通量只增不减。不可否认这背后有负利率的影响，但是北欧国家瑞典也实行负利率政策，在 1990 年时是 5%，现在是 1.8%，降低了一半多。这可以说是金融科技的成果。日本已经落后了不少，有必要在金融科技领域导入监管沙盒。

2016 年 8 月，三菱东京 UFJ 银行与日立制作所在新加坡的监管沙盒中开始了金融科技的实证测试。当时在新加坡测试了区块链数字化支票。如果在日本也设立了监管沙盒的话，当然也会在日本进行测试。今后类似的事情会很常见。

接下来我想说的就是自动驾驶。在 2020 年实现自动驾驶是重要的目标。在东京奥运会期间，人们可以乘坐无人驾驶的汽车从奥运村开到比赛场地。而且，交通信号灯也是可控的，如果能途中一次不停、直接开到目的地的话就太好了。

为此，从 2017 年开始就必须进行路测，但是目前受到道路交通法的限制，路测还是无法实现。所以，有必要通过监管沙盒来摆脱法规限制。

DeNA 公司在镰仓做路测时，为了获得许可，不仅拜访了当地的警察局，还在国土交通省和经济产业省、神奈川县和镰仓市等许多地方做了说明，吃了不少苦头。但是路测还是没有进展。

我刚刚介绍过，大和运输正在研发在高速公路上由一辆有人驾驶的卡车带领两辆无人驾驶车前进的技术。如果把东名高速公路的一段区间指定为监管沙盒的话，马上就可以进行测试了吧。

2016 年 12 月，日本在 IT 战略综合本部下设立了"道路交通工作组"，正式开始讨论无人驾驶的课题。这个工作组将成为控制塔，在各府省厅和政府全体的行动基础上，讨论包含法律在内的制度问题，思考自动驾驶的路线图。

关于自动驾驶，最好能决定一块明确的实施区域，在区域内活用国家战略特区的架构。我考虑过各种类型的监管沙盒，但如果是关于自动驾驶的，我认为最近的一条路就是活用特区。

政府一定要快一点就监管沙盒展开讨论，早点付诸行动。

敞开共享乘车经济的大门吧！

日本已经在金融科技和自动驾驶路测上落后于世界了，除此之外，还有一个落后的领域，那就是共享乘车。

世界上其他国家都是将自动驾驶和共享乘车同时推进的。就驾驶员不足和驾驶员老龄化的问题而言，自动驾驶和共享乘车都不可或缺。

新经济联盟的资料显示，美国、英国、中国、加拿大、澳大利亚已经完成了相关法律环境的整顿，意大利正在讨论相关法案，这六个国家实际上正在推动共享乘车。目前只有韩国、日本还有德国的现行法律还不允许共享乘车。法国虽然没有整顿法律环境，但是已经开展了共享乘车服务。

今后，世界的共享乘车市场会急速扩张。据美国市场研究调查公司Juniper Research 称，该市场市值在 2015 年约为 1.65 亿日元，到了 2020 年将倍增至 3.25 亿日元。

从 Uber 企业价值高达约 7 兆日元就能看出，现在的共享乘车业务已经形成多大的规模了。共享乘车在世界范围内声势浩大，但在日本却毫无声音。不必多说，那是因为大门紧闭。

共享乘车和共享房间（民宿）这类共享经济已经是世界潮流了。即便如此，依然有特定的行业人员表示强烈反对，影响着这类共享经济的发展。这些既得利益者的反对力量相当强大，导致连共享乘车的讨论都无法进行，我在霞关或永田町的确有这样的感觉。

我说过，在人口稀少地区，法律允许共享乘车。既然在人烟稀少的边远城市可以施行，那为什么在需求更高的大城市就行不通呢？因为它是新服务，也是新行业，所以必须制定合适的法律法规。像现在这样全面禁止的做法明显就很奇怪。

在这之前，在只有出租车和包车服务的地区，通过大数据等科技手段，已经完成了针对共享乘车这一新行业的环境整顿。所以，今后只能向着认可共享乘车的方向前进。这就是现实。既得利益者为了眼前一两年的蝇头小利，不惜丢掉未来 10 年的长远利益。我希望他们能看清这一点。

在 18 世纪工业革命期间，一部分劳动者认为"被抢了饭碗"而暴怒，砸坏了不少机器，为保住眼前的工作而想剥夺未来几个世纪工业发展的机会。但是，即便他们奋起抵抗，历史的洪流也不会因他们而改变。

建议4： 扩大民营化范围

我的第四个建议就是扩大民营化范围。

所谓民营化，指的是公共设施或资产的所有权归国家或地方自治团体，运营归民间企业。

乍一看，第四次工业革命和民营化之间也没有什么关系。但是，民营化是非常重要的政策支柱。

2016 年，日本有两座机场实现了民营化，分别是仙台机场和大阪国际机场。仙台机场的运营权转让给了东急电铁公司和前田建设公司，大阪国际机场的运营权转让给了欧力士（ORIX）和法国的 VINCI 机场集团。VINCI 机场集团在法国运营了 11 座机场，在葡萄牙运营了 10 座，在柬埔寨运营了 3 座。

同样，收费公路的民营化也提上了日程。爱知县运营的公路的民营化进程虽然目前还没有落地，但投标已经结束，未来将由前田集团运营。

自来水业务也有望实现民营化。我听到不少人质疑"关乎生命的重要部分交给民间公司真的可以吗"，但是法国的威立雅水务集团（Veolia Water）作为世界三大水处理公司之一，在全世界六十多个国家开展了自来水业务。为什么自来水业务也要民营化？这和电力能源的智能电网一样，只有借助民营企业的活力，导入 AI、机器人技术、IoT，才更有希望建立起新的自来水系统。

第四次工业革命的轴心，也就是对科技最大限度的活用离不开民间力量。应将"职业运营"招至麾下，建立更高效的系统，降低自来水的费用。这样就能更加清楚地展示第四次工业革命的"果实"。

承担自来水业务的事业单位在日本国内大约有 1 300 家，电力业务有 9 家。一个是 1 300，一个是 9，显然，效率化的上升空间还很大。如果每条河由一家单位负责自来水的运营和管理，业务效率将会提高不少。

这在国外已经是理所当然的事了，且已取得了实际成果，所以把机场、收费公路、自来水等公共设施交给民营企业来运营，一点问题都没有。当然，为了承担责任、把控质量，必须制定政策和完善相关系统。倘若前期准备都做好了，那么让民营企业对公共设施进行运营是有望实现的。

进行民营化改制，变卖运营权后，国家或地方自治团体也会实现创收。利用这些收入，可以推行一些与第四次工业革命相关的其他政策。这种想法是非常重要的。

让大学的资本循环起来！

民营化让公共基础设施和资本得到了有效利用，其实国立大学也可以这样做。

就像我在前面说过的那样，为了实现第四次工业革命，必须有飞跃性的改革，这样一来研究开发资金就显得尤为重要。国立大学应当进一步活用自己的资产，投入到研究开发中去。目前，大学校园里不能建商业建筑，大学的资金只能投在研究和教育上。但我认为，应当批准在校园里建商业建筑，将获得的资金投入研究开发中。

也许会有人批判这种做法。因为国立大学选的都是一等地皮，拥有的是超级优质的资产。可如果将收入的七成用于自身，剩下的三成提供给其他的大学又如何呢？这种做法就是所谓的资本循环。把某个东西活用起来激活经济，就是我说的重要的政策。

以上就是我向站在第四次工业革命的入口的日本提出的四个建议，都是比较容易实行且易见成效的政策。

和世界几大主要国家相比，日本在第四次工业革命的准备上，确实起步较晚。但是没有必要悲观，因为日本国内拥有大量优秀技术和企业。

虽然书中对第四次工业革命核心技术之一的 AI 技术着墨不多，但 AI 是日本的机会。AI 到目前为止都有着较强存在感的原因就在于它具备自己学习并进化的功能，也就是"深度学习"（Deep Learning）。

识别图像的能力通过 AI 实现了划时代的提高，并从 2012 年开始加速发展。总的来说就是以数据为基础，依靠电脑对图像进行高次元的特征分析，实现图像识别。AI 拥有自动进化机制。正因如此，它才能够在围棋对战中战胜人类顶尖棋手。

AI 领域的专家松尾丰（东京大学副教授）说，在 AI 的研究上，美国具备压倒性的优势，日本已经落后太远了。但是，在机械组装 AI 和实用领域，以及机器人和 AI 的实用化领域，日本有巨大的潜力。的确，日本面临劳动力不足和老龄化的问题，迫不得已必须继续解决这些问题。松尾副教授的话有着极大的启发性。

今后，政府和民间应当携手并进，制定明确的目标，融会贯通，思考宏大的战略，一步一个脚印，逐渐追上世界主要国家的步伐，开发出前所未有的新技术和新服务，催生新的行业。我相信日本一定能做到。

对于长期陷入低迷的日本经济来说，第四次工业革命无疑是个大机遇。一定要抓住机遇，激活它，让日本的经济再次腾飞。我期待这一天的到来。